Eva Demski
Zettelchens Traum

oder »Warum sollte der Mensch
nicht sein Geheimnis haben?
Oder ein Tagebuch?«
Frankfurter
Vorlesungen
Schöffling & Co.

Erste Auflage 1999
© Schöffling & Co. Verlagsbuchhandlung GmbH,
Frankfurt am Main 1999
Alle Rechte vorbehalten
Satz: Reinhard Amann, Aichstetten
Druck & Bindung: Pustet, Regensburg
ISBN 3-89561-002-X

Inhalt

I.
Zettelchens Traum

II.
Pracht und Elend des Alltäglichen

III.
Papierschiffe und Papierflieger
Über Reisetagebücher

IV.
Dunkle Seiten

V.
Von der Liebe

Zum Weiterlesen,
zugleich Nachweis der Zitate

Zettelchens Traum

Sehr verehrte Damen und Herren –

mein Wunsch und das Ziel dieser fünf »Vorlesungen« – über
diesen Begriff wird noch miteinander nachzudenken sein –
ist es, das Bücherlesen zu retten. Dazu will ich mich des
scheinbar ungeeignetsten Mittels bedienen, nämlich der aus-
führlichen und hoffentlich reich genug geschmückten Emp-
fehlung zu schreiben. Die Verleger, Journalisten, Germani-
sten und Lektoren unter Ihnen mögen mit dem Schrei der
Qual, der sich ihren Lippen entringen will, noch ein wenig
innehalten! Jeder von ihnen, auch ich, kennt die Manuskript-
flut, die sich seltsamerweise weder durch die Neuen Medien
noch durch den oft beklagten schleichenden Analphabetis-
mus hat austrocknen lassen, jeder kennt den zähen Wunsch
von Menschen aller Altersklassen, auf diese anstrengendste
aller Arten zu Ruhm und Unsterblichkeit zu gelangen, jeder
entnimmt dem sogenannt *unverlangt Eingesandten,* daß der
Wunsch nicht auszurotten ist, die Weltliteratur neu zu schreiben – ein Wunsch, der nur dadurch erfüllbar scheint, daß die
Schreibenden beharrlich verweigern, diese zu lesen. Lektüre
nämlich, die Lehrenden unter Ihnen haben, da bin ich sicher,
diese Erkenntnis weit unten im Hirn verstaut, ist dem Schreiben abträglich – und wer die abgrundtief schlechte Laune von
Literaturchefs und Feuilletonredakteuren angesichts der halb-

jährlichen Verlagsprospekte hat ansehen müssen, wird mir zustimmen. Lesen stört schreiben. Indessen, auch das ist nicht unbekannt, gleichwohl aber eine hier notwendige Präliminarie, ist beides bedroht. Und das ist, fürchte ich, nicht mehr die zu den gewohnten Molltönen des Lebenskonzerts gehörende Klage, wie, sagen wir, bei den Bauern oder den Zahnärzten, sondern da mischen sich schärfere und resigniertere Töne hinein. Die über Bücherbedrohungen mannigfacher Art – auch der zarteste Poet weiß indessen etwas über Teilwertabschreibung und Buchpreisbindung – klagenden Menschen wissen, daß Klagen zur Zeit, zugegebenermaßen nach Jahren üppigen und subventionierten Klagens, keine rechte Konjunktur mehr hat. Wer den Charme der neuen Medien mißachtet und wie ein Kind nach Papierenem jammert, macht die Mitwelt nervös. Und irgendwie ist in den letzten Jahren auch die Zeit zusammengeschrumpft, am besten sieht man das in den Neuen Ländern. Kaum war alle Lektüre erlaubt, der Kampf um sie obsolet und Stoff in Massen vorhanden, hatten die Ablenkungen leichtes Spiel: Lesen kann ich später immer noch. Lieber nicht so unbeweglich, so unsichtbar, so der Zeit und den anderen Menschen entzogen sein wie der Lesende.

Ich möchte genau dafür – nein, nicht eine Lanze brechen, nicht werben, weder Begründungen noch gesellschaftliche Notwendigkeiten vorschieben. Sich in diesen fünf Stunden – von denen ich hoffe, daß wir alle spüren, wie wenig fünf Stunden sind – mit Tagebüchern zu befassen, um das Lesen mit dem Trojanischen Pferd des Schreibens zu retten, hat andere Gründe. Zuletzt wird sich vielleicht herausstellen, daß die eroberte und angehaltene Zeit ein sehr wesentlicher sein wird. Und der aufgehobene Antagonismus zwischen vollkommenem Alleinsein und der Arbeit an etwas unzerstörbar allgemeinem. Tagebücher sind (mit branchenweit bestaunten und bejubelten – scheinbaren! – Ausnahmen wie Klemperer oder Reimann) den Produktionsgesetzen so wenig unterworfen wie den immer rapider vorangetriebenen Alterungsprozessen, wobei auch die Erfolgstitel, die ich eben genannt habe, sich diesen souverän entziehen. Noch ein paar Worte zu dem, was der Markt tut und was nur die aufrecht Gestrigen zu beseufzen wagen, indes die anderen sich entweder scheu oder glanzvoll anpassen, verdrängend, daß ihrem lang ausgetragenen Balg eine Lebensdauer zugestanden wird, die zwischen Semmel (sehr wenig) und Knäckebrot (mehr kann man nicht erwarten) liegt. Lernen Sie doch endlich in den Neuen Räumen fliegen, Sie unfähiger Käfer! kann jeder kleine Trottel jedem großen Dichter ungestraft zuschreien: Recht hat er! wird der große Dichter murmeln und sich schämen. Also: Wir wollen über Tagebücher reden, über das Schreiben – *nicht* das Publizieren! Und über das Lesen. Der Tagebuchschreibende ist in einer ähnlichen Situation wie der Lesende oder die Lesende: Wie am Mund einer sehr langen Tunnelröhre, ganz in der Ferne ein Pünktchen Licht erwartend, oder ahnend, oder wissend, oder erhoffend: Die Ewigkeit. Denn die hat, ob es Ihnen nun paßt oder nicht, mit der Schreiberei und dem Lesen eine Menge zu tun – ob als Konstrukt, Utopie oder Gewißheit, ist vorderhand noch nicht wichtig.

Wir wollen jetzt also den sogenannten Literaturbetrieb für ein paar Stunden verlassen – natürlich sind wir schlau und wissen, daß dies nur eine Simulation ist, fürs erste, daß vielmehr gerade seine Verächter und Bemeckerer ein ganz wichtiges Ingredienz sind und ihm auch nicht auskommen. Die schöne, noch immer fette Muttersau Literaturbetrieb nährt

9

grade die Ferkel besonders gut, die es verstehen, ihr anmutig in die Zitzen zu beißen. Gelegentlich mag sie es sogar grob.

Also, was tun? Einfach der Produktionsgeschwindigkeit ein bißchen schaden und die Notfülle der Produktion ignorieren? (Sie wissen, die Forstleute sehen ganz schwarz, wenn die Bäume eine enorme Zapfenmasse tragen, lustig, daß dieser Begriff noch nie auf der Buchmesse aufgetaucht ist!) Tagebücher also: Wir werden sehen, wohin wir mit ihnen kommen, zusammen und jeder für sich. Zum Titel, der in seiner Länge auch für mich ungewohnt ist (Manche werden sich vielleicht erinnern, daß meine Bücher *Goldkind, Scheintod* oder *Afra* heißen, also ziemlich kurz ...): *Zettelchens Traum* ist nicht nur eine kleine, schiefe Hommage, sondern ein Stückchen Biographie, ohne die es ja mit den Tagebüchern nicht geht, und »*Warum soll der Mensch nicht sein Geheimnis haben? Oder ein Tagebuch?*« ist ein Zitat aus den letzten Seiten des schönen Romans *Blanche oder Das Atelier im Garten* von Paul Kornfeld, einem Roman, an dem wunderbar zu spüren ist, daß unter ihm die Tagebücher sitzen, unter seiner Haut gleichsam, und damit die Geheimnisse seiner Figuren. Denn natürlich sind nicht nur in diesem Zitat die Begriffe Tagebuch und Geheimnis einander zugeordnet, wobei das Wort *oder* – also *Geheimnis oder Tagebuch* – zunächst ein bißchen verblüffend ist. Ist denn *Tagebuch* nicht synonym für geheim? Auch da werden wir, das verspreche ich Ihnen, verblüffende Entdeckungen machen – wie ich überhaupt, das gebe ich gern zu, von der Größe des literarischen Kontinents *Tagebücher* keine Ahnung hatte, als ich ihn betrat. Und es geht auf diesem Kontinent nicht nur – wie sonst in jedem Land der Literatur, damit ist es mir ernst! – um das Professionelle: Die berühmtesten und weitestreichenden Tagebücher sind nicht von Schriftstellern geschrieben, Anne Franks Aufzeichnungen zeigen aber – gerade sie –, wie das Schreiben fern von Hoffnung auf den Leser oder die Hilfe dichterisch zu sich findet. Sehr oft hat ein ruhiges, gelassenes Aussetzen der Hoffnung zum Tagebuchschreiben geführt, das läßt sich übrigens politisch, biologisch oder erotisch belegen, wie wir sehen werden.

Aber fangen wir endlich an, an irgendeinem Anfang – an *meinem* Anfang. Das heißt, natürlich früher. Um die Jahrhundertwende baute ein Mann, der zu geschäftlichem Erfolg gekommen war, in der Malergasse, Ecke Pfauengäßchen zu Regensburg ein vierstöckiges Wohn- und Geschäftshaus. Das sei, hieß es, in solcher Eile geschehen, daß man das Treppenhaus vergessen und später mühsam drangebaut habe. Das Haus ist in *Goldkind* für die, die es genauer kennenlernen wollen, zu besichtigen. Ende der zwanziger Jahre kam meine Mutter als Halbwaise mit ihrer Mutter in dieses Haus, das deren neuem Schwiegervater gehörte und in dem »anstatt Bildern mit Essen und schönen Damen Bibelsprüche an der Wand hingen«. Die erste Bedingung zum immer dringender werdenden Wunsch nach einem Tagebuch war also gegeben: Fremdheit und Suche nach Verläßlichem, nach Zwiegespräch und, dazu werden wir noch kommen, nach *Dauerhaftigkeit der Gefühle*. (Vielleicht haben wir da, gleichsam nebenbei, einen Knotenpunkt gefunden, an dem Schreiben, Leben und Lesen sich kreuzen – nicht die heftig orchestrierte Lust, die nach Ewigkeit ächzt, sondern der karge und kindliche Wunsch, Gefühle festzuhalten und bei Bedarf wiedererkennen zu können.)

Kehren wir zurück zu einem kleinen Mädchen, das grade schreiben gelernt hat und ihre Position in einer merkwürdig unfrohen Umgebung sucht. Ich bin ganz sicher, daß unter den zahlreichen Geschenken – denn man buhlte um das fremde Kind, wie sie sich übrigens auch Jahrzehnte später noch nannte – auch eins jener Tagebücher war, die viele von uns kennen und die es immer noch gibt: Quadratisches Format, schweres Papier, wattierter Einband mit romantischen Mustern, und dem wichtigsten: Einem Schlößchen, das einen lächerlichen kleinen Riegel verschloß. (Damit war übrigens klar, und das wird noch einigemale aufscheinen: Tagebuch, das war was für Weiber! Ein Knabe, der damals mit einem geblümten, wattierten Büchlein erwischt worden wäre, hätte sich erschießen müssen.) Ich glaube nicht, daß meine Mutter das Buch benutzt hat, denn sie dachte sich eine neue Form des Tagebuchs aus. Zerteilt in kleine Zettel, fand ihr höchst geheimes und über Jahre geführtes Buch den Weg in die zahllosen Ritzen und Lücken des schlampig gebauten Hauses. Zwischen Fensterrahmen und Wänden, unter Türen, an Ecken und Biegungen – überall boten die Mauern Platz für eine Art papierener Infusion, die sie ihnen anvertraute. Natürlich konnte sie das Geschriebene nicht mehr nachlesen, aber es war in der Welt. Stumme Standortbestimmung, Zorn, erste Liebe, alles floß in die Hausmauern und schien darin sicher für alle Zeiten. Ich machte es ihr später nach, als ich in dem Haus aufwuchs und sie mir irgendwann beiläufig davon erzählte. Erst hatte ich ein bißchen in den Mauerspalten herumgepuhlt und das eine oder andere fest zusammengefaltete Kassiberchen gefunden. Dann – man konnte fast nichts mehr lesen – vertraute ich meinerseits den unerschöpflichen Verstecken des Hauses mein erstes Tagebuch an. *Jetzt bin ich da*, sagten die Zettel. Und sonst noch vielerlei, worum es hier gar nicht geht, denn diese Ihnen zugeworfene Idee der kleinen weißen Zettel, da bin ich sicher, führt dazu, daß Sie sie mit sich selber füllen. In den sechziger Jahren wurde das Haus abgerissen, und ich habe mir vorgestellt, wie die beiden Zettelchenleben durch den Staub wirbeln, zum erstenmal freigelassen, aber natürlich ganz folgenlos, und irgendwohin verschwinden. Und selbst wenn jemand auf dem Kopfsteinpflaster der Regensburger Altstadt ein fest zusammengewickkeltes Papierchen finden würde, wenn er sogar Zeit hätte, sich zu bücken, es aufzuheben, auseinanderzufalten, vielleicht eine Brille herauszuholen, aufzusetzen und zu lesen – und wenn die Schrift noch leserlich wäre – fände er oder sie meinetwegen den Satz »Ich hasse Rosa und werde ihr einen toten Fisch ins Bett legen...« Keiner könnte was damit anfangen. Die Geheimnisse waren in Baustaub und Wind verschwunden, aber: gewahrt. Verschiedene Arten, Tagebücher in die Welt zu setzen, wurden mir in der Familie vorgeführt: Tagebücher denke ich mir einstweilen noch nicht virtuell, sie sind in ihrer materiellen Erscheinungsform ein Querschnitt durch die Vielfalt des Begriffs Buch, von der schütteren Kladde über das Lederundgoldschnittungetüm, vom Miniaturbändchen bis zum Folianten, vom Kontobuch bis zu jenen leporelloförmigen Terminkalendern, die, weiß man sie zu entschlüsseln, ein verläßliches Gerippe für Autobiographien bilden.

Mein Großvater war sich Prachtbände wert, in München handgebunden, immer die gleiche Lederfarbe, stundenlange Kontemplation in seiner winzigen Schrift mit dem Punkt über dem großen I (damit mans nicht mit einer 1 verwechselte ...).

Meine Mutter hielt sich streng an seine letzte Verfügung und kokelte tagelang den Garten voll Qualm, die schweren holzfreien Seiten mit dem Farbschnitt und die mächtigen

Einbände wollten und wollten nicht richtig brennen. Ich war damals Anfang zwanzig und wütend, immer wieder kam ich ihr mit Kafka und Max Brod, sie sei eine Ignorantin und tot sei tot. Wahrscheinlich war das mein erstes, ebenso unbewußtes wie heftiges Coming Out als potentieller Autor – völlige Indiskretion, Gleichgültigkeit gegen Letzte Willen und unabweisbare Neugier. Es ist wahrhaftig zum Fürchten mit dir, meinte meine Mutter, verheizte weiter hundert damit auf ewig verlorene Geschichten und bemerkte, daß zwischen ihrem Stiefvater und Kafka nicht gar so große Ähnlichkeiten seien.

Wir werden es nie wissen! schrie ich zornig. Es geht uns nichts an, antwortete sie. Da hatte also einer mit dem Kornfeldschen Geheimnis ernst gemacht, wobei ich noch immer hundertprozentig überzeugt bin, daß niemand über die Nachlaßtreue meiner Mutter mehr enttäuscht gewesen wäre als der Verfasser der verbrannten Bücher. (Ich glaube, das habe ich ihr auch noch vorgehalten, sie verbrenne Bücher! Da wurde sie erst richtig wütend.) Eine zweite Tagebuchvariante, und damit sollen meine diesbezüglichen Initiationen markiert sein: In ihren späten Jahren pflegte meine Tante Helene um sieben Uhr abends ins Bett zu gehen, keine andere Gesellschaft um sich als einen fetten, schwarzen Schäferhund namens Arco, der schwer auf ihren Füßen lag. Ihr Mann und ihre jüngere Tochter waren schon tot, die ältere, Viola, war in den frühen fünfziger Jahren einem netten jüdischen GI nach Amerika gefolgt. Dort war sie geblieben, hatte eine Tochter, wog indessen fast vier Zentner und konnte aus dem Grund ihre Mutter nicht besuchen. Die Enkelin war einmal dagewesen, ein freundlicher junger Trampel mit Millionen Sommersprossen, kein Wort Deutsch sprechend. Helene schrieb allabendlich ab sieben Uhr an ihrem Tagebuch, wenn ich richtig ahne, einem Werk mit weiten und üppigen Rückblenden. Sie schrieb es in jene schwarzen linierten Schulhefte von *Brunnen*, die schon zu der Zeit nicht mehr leicht zu kriegen waren und von denen ihre Haushälterin Kathi in einer Plattlinger Leihbücherei und Papierhandlung ein größeres Konvolut entdeckt und erworben hatte. Helene schenkte Kathi dafür einen Piranesi-Wandschirm, und Kathi sagte, sie hätte lieber einen Schnellkochtopf gehabt. Helene schrieb über ihre Familie, über Zoll- und Schmuggelgeschichten an der alten Grenze, wo ihr Vater entweder das eine oder das andere beruflich ausgeübt hatte. Sie beschrieb alte Lieben und Bälle, die lange Ahnenreihe ihrer Hunde – kurz, das Leben. Sie schrieb in Sütterlin und natürlich deutsch, und alles für ihre amerikanische Enkelin Pearl, die nach Helenes Tod im Alter von 85 Jahren vom Notar Pichler ein großes Paket nach Cincinnati geschickt bekam. Was damit geschehen ist, weiß ich nicht. Aber sie sind einstweilen in der Welt, die Geschichten. Auch wenn nicht einmal Viola ihrer Tochter Sütterlin vorlesen kann, auch wenn alle Taten und Untaten meines Großvaters in fettem, zögerlichen Rauch aufgegangen sind: Etwas ist aufgeschrieben. Etwas bleibt. Vielleicht eine schräge amerikanische Bibliothekarin, die als Hobby das alte deutsche Gekritzel liest, vielleicht ein vor dem Feuer geretteter Band, vielleicht nur die Geschichten, die ich Ihnen hier kurz skizziert habe – Tagebücher sind das unterirdische Meer, das die Literatur speist. Keiner hat dieses Meer vermessen, keiner weiß, wie groß es ist. Unzählige Wasseradern fließen hinein, beachtliche Ströme und dünne Rinnsälchen. Manches – siehe Klemperer – kommt machtvoll ans Tageslicht. Tausende von Literaten senken – bewußt oder unbewußt – ihre Eimer in diese Tiefen und

15

holen Geschichten, Bilder, Figuren herauf. Auf exemplarische Weise hat Walter Kempowski das mit seinem *Echolot* vorgemacht: Er, der nicht sehen kann, wenn schriftliche oder überhaupt papierene Lebensreste auf den Sperrmüll fliegen, was ihn zu einem ganz ausgelieferten Sammler gemacht hat, zeigt uns, wie man dem bloß aufbewahrten und geretteten Material zu einer Stimme verhelfen kann. Nach dem erstaunlichen Erfolg des vierbändigen Brockens hat sich eilends die sattsam bekannte deutsche Diskussion erhoben: Ob denn das Literatur sei? Die Antworten gingen natürlich auseinander, je nach Couleur und Präferenz des geschätzten Blattes, für das die Wegweiser der Nation schreiben. Den Leuten war das egal. Sie schleppten dieses klug, reich und vertrackt montierte Stück schriftliches patchwork der Nazizeit nach Hause und machten sich ans voyeuristische und anstrengende Vergnügen, Wirklichkeit von allen Seiten her lesend anzuschauen. Ob das Literatur ist? Es ist eine, und das trifft eigentlich auf alle Tagebücher zu, die mir in die Hände gekommen sind. Es ist manchmal Literatur in nuce, rauh, troglodytisch, manchmal – aber bei weitem nicht so oft wie die sogenannt *richtige* Literatur – banal, fade und klischeehaft. Das vermeintlich Serielle, Langweilige der notierten Tage führt oft zu Glanzleistungen der Sprache, auch bei Menschen, deren Beruf sie nicht ist.

Tagebuchschreiber kommen sich auf die Schliche, oft schon als Kinder. Der berühmte Kernsatz »Ich hasse meine Eltern« wird den jungen Autoren ziemlich schnell zu wenig. Sie füttern auf, sie erläutern, sie variieren. Das kann blutrünstig ausfallen »Ich würde am liebsten zuschauen, wenn ein Hai meine Mutter von unten nach oben langsam frißt« oder auch subtil: »Ich will schon deswegen Astrophysik studieren, weil mein

Vater nichts, nichts, nichts davon versteht« – Sie wissen, worauf ich hinauswill? Deswegen, das ist meine feste Überzeugung, sind Tagebuchschreiber nicht nur Menschen, die sich selber eine gewisse Zeit des Lebens ganz allein gönnen, von niemandem veranlaßt, von keiner gesellschaftlichen Gratifikation verführt – sie werden auch die autonomeren Leser, versessen auf Differenzierung, auf Ab- und Ausschweifendes (denn sie wissen ja, daß grade damit das Leben sehr geizig umgeht). Zum Beispiel könnte ich mir vorstellen, daß der Umgang eines Erfolgstycoons wie Grisham mit Themen der Leidenschaft und der Liebe einen Tagebuchschreiber der Lektüre seiner Bücher ein für allemal entfremdet. Grisham schreibt nämlich immer, wenns innig wird: »Sie verlor fast den Verstand« – da müssen Tagebuchautoren unwirsch werden, wenn sie ihre tausend Versuche, den Reichtum der Sprache für die Liebe zu erobern, bedenken. Das Tagebuch ist ein mitnehmbarer Ort.

Es wird immer wieder unterschätzt, oder geleugnet, wie wichtig Orte und Gegenstände sind, grade auch für die Dichter, denen man offenbar nur Gehäuse aus Wörtern zubilligen will, die sie umgebende Dinglichkeit wird oft für verzichtbar oder leicht ersetzbar gehalten. Tagebücher sind papierene Speicher und Keller für Gegenstände. Sie sind Vorratshöhlen selbst dann noch, wenn die eigentlichen, die Häuser oder Wohnungen, verlorengehen – oder wenn die Dichter durch Vertreibung ihren Orten entrissen werden. Immer wieder haben Intellektuelle versucht, in der Fremde ihre Orte zu rekonstruieren, selbst die flüchtigste und irdischen Gütern gegenüber gleichgültigste Existenz ist nicht frei von Fetischen: Im Tagebuch werden sie haltbar gemacht, aufbewahrt, ein Tagebuch macht *dingfest* – in der vollen Bedeutung. Dinge

17

und Orte sind Wegmarken, Inspirationen und Stützen gleichermaßen. Vielleicht haben es die schreibenden Frauen, die man vertrieben hatte, was den winzigen Kokon gegen die Barbarei, die vertrauten Gegenstände betrifft, noch schwerer gehabt als ihre Kollegen. Denen richtete oft eine Gefährtin den Ort wieder her, mehr oder weniger notdürftig, aber immer mit dem gleichen Impetus: sichtbaren Boden unter den Füßen zu schaffen.

Aus den Tagebüchern von Thomas Mann:

(Zürich, Montag den 25. IX. 33, Hotel St. Peter)

»Wir sind für ein halbes Jahr in dem Küsnachter Hause geborgen, ohne daß mich vorerst soviel Sympathie damit verbände wie mit der Tranquille. Für den Sommer hat Erika ein Haus bei Luzern, das etwas primitiv und einsam sein soll, für uns ins Auge gefaßt. Was dann? Ich vertrage sehr schlecht die Unsicherheit der Zukunft, das improvisierte Leben u. das Fehlen fester Grundlagen, die wenigstens subjektiv, für immer, bis zum Tode gelten. Eben dies habe ich verloren, und es ist gewiß kein Wunder, daß Ersatz nicht im Handumdrehen zu schaffen ist.

K. ging bald nach Tische aus, um mit Reiffs Wagen Lebensbedarf in das Haus zu schaffen. Sie riet mir, nachmittags auszugehen und irgendwo Thee zu trinken; aber meine Depression, die in den bekannten Erregungszustand überzugehen drohte, hinderte mich daran. Ich blieb bis ½ 6 Uhr im Bett u. ließ Thee aufs Zimmer kommen. Ich leide unter der Kälte, die durch die Nordlage unserer Zimmer empfindlicher wird. Man heizt nicht vor dem 1. Oktober. Meine Zähne reagieren erkältet, der Kopf ist schmerzhaft schwer. Reise und Klimawechsel tun selbstverständlich das ihre. Moralisches Unbehagen darüber, daß ich K. bei den an sie gestellten Anforderungen so wenig zur Hand gehen kann, vertieft die Niedergeschlagenheit. Zweifel an der Lebensrichtigkeit meiner Entschlüsse quälen mich aufs neue. Wird mein Ende elend sein? ›Der Mensch muß wieder ruiniert werden.‹ Und der Grund-charakter des individuellen Lebens? Meinte ich nicht schon zu sehen, wie mir die deutsche Wendung zum persönlichen Guten ausschlüge. –«

Darauf am 30. Oktober

»Heimsuchung durch den Antransport der 40 Kisten mit Hausrat, Porzellan und überflüssigen Büchern. (Die guten liegen in Feists Münchener Wohnung und sind beschlagnahmt.) Das Schleppen und Unterbringen in der Garage und in unteren Fluren wird heute noch nicht beendet sein. –

Zum Thee der junge Hässig; Besprechung des Programms meiner Vorlesung.

Erika telephoniert, der Arzt habe kleine Gallensteine bei ihr festgestellt. Sie kann ihre Tournee jedoch absolvieren.«

Und am 31.

»Lebhafter gearbeitet. Mittags einige Schritte mit K. spazieren.

Mit den Kisten und Körben ist eine Welle von ehemaligem Leben, mich sehr erschütternd und erregend, ins Haus gestürzt: Viel Silber, Kleider, Mäntel, Schuhzeug, Tisch- und anderes Leinen, Theegerät und Kunstgegenstände. Der siamesische Krieger steht wieder vor mir auf dem Schreibtisch, der vielleicht noch durch den ›wirklichen‹ nebst Stuhl ersetzt wird; auf der Truhe der Halle die Schwegerle-Büste, die [mich] 40jährig darstellt.«

Der Antipode äußert sich – sieben Jahre später – ruppiger: Es geht aber um das gleiche. In den *Arbeitsjournalen* von Brecht wird der rabiate Übergang vom lebensnotwendigen Kleinen und Praktischen ins Allgemeingültige, Politische ganz unmißverständlich dokumentiert. Natürlich ist bekannt, daß Mann nur die K. hatte und Brecht eine ganze zuarbeitende Kommune von Frauen. Ich will die Beispiele für die Unterschiedlichkeit des *Dingfest Machens* in männlichen und weiblichen Tagebuchaufzeichnungen nicht interpretieren, kann aber wohl behaupten, daß wir es in den zitierten Fällen nicht mit zwischen Mauern versteckten Zettelchen zu tun haben:

Bertolt Brecht, Arbeitsjournale 38–40:

»17.04.40 unter hinterlassung der möbel, bücher usw nach finnland mit schiff. der schlosser, der die bücher nimmt, die niemand anders haben will. auf dem schiff die junge witwe, die von der eisscholle aus auf einer leiter das schiff besteigt, das anhält. im zoll in abo die dame, die den soldaten zum koffertragen requiriert. vierzeiler für tombrock, damit er noch ein paar bilder verkaufen kann.«

Wenige Wochen später schon:

»6.5.40 kleine leere wohnung in tölö für einen monat ergattert. helli fuhr mit einem lastauto herum und holte sich in zwei stunden die nötigen möbel zusammen, fünf leute borgten sie, die wir gestern nicht kannten. wir zogen in der letzten april[woche] ein, und ich nahm die arbeit an DER GUTE MENSCH VON SEZUAN ernstlich auf. das stück ist in berlin begonnen, in dänemark und schweden aufgenommen und beiseitegelegt worden. ich hoffe es hier fertigzubekommen.

mit auf dem schiff war der schauspieler greid, nachfolgte arnold ljungdal. sie sind meist abends da, ljungdal erklärt steff die einsteinsche relativitätstheorie. greids marxistische moral liegt in den letzten genießerischen zügen. sehr freundlich h[ella] wuolijoki, diktonius, der im eben vergangenen krieg patriotische haltung einnahm, jetzt findet, die aussicht des landes, außer dem großen krieg zu bleiben, habe sich verbessert.

finnland in sehr schwieriger lage, vom import abgeschnitten, auch verarmt, mit den über 400 000 karelischen emigranten belastet.

das versagen englands in skandinavien erweckt entsetzen. man tröstet sich damit, daß england immer ein schlechtes eröffnungsspiel habe. tatsächlich ist der faschismus nur vom faschismus oder von der demokratie zu besiegen. vorläufig fehlt in england sogar der anschein eines demokratischen impulses. im ersten weltkrieg gab schon die freiwilligkeit am anfang dem ganzen einen demokratischen anstrich. dazu kommt, daß diesmal england das monopol der propaganda durch die kontrolle der überseekabel entzogen ist und das radio unkontrollierbar ist, und die technische überlegenheit der kombinierten kampfweise der bomber und motorisierten truppen über die flotte vervollständigt das bild. diese motorisierten truppen gingen in norwegen wie ein messer durch käse.«

Frauen notieren (sie waren mit dem Alltäglichen beschäftigt) diese Zeit kaum. Berlau (29. Okt. 1954) aus Bunge, *Brechts Lai-Tu*, 1986:

»Ich bin im Turm, den Brecht mir in Buckow zur Verfügung gestellt hat. Er selbst wohnt in seinem Gartenhaus. Wir haben keine Telefonverbindung. Aber mein Nachbar hat Telefon, so daß ich Brecht erreichen kann.

Den ganzen Tag über habe ich auf ihn gewartet, seine Gewohnheiten wohl überdenkend. Er hätte morgens um neun kommen können, wenn er sich langweilt – da kam er nicht. Er hätte dann, wenn er gearbeitet hat, um elf kommen können – da kam er nicht. Dann hätte er um vier Uhr nachmittags da sein können, nachdem er seine Siesta gehalten hat – da kam er nicht. Nun kommt er vielleicht gerade vor dem Abendessen schnell mal vorbei? Nein. Nun rufe ich ihn an.

Er: Bist du hier? Ich wußte nicht, ob du gefahren bist ...
Ich: Doch ... Was machst du?
Er: Ich krame in alten Manuskripten ... Muß mal gemacht werden ...
Ich: Ja ... Wann fährst du nach Berlin?
Er: Morgen ... Morgen früh ... Wie ist der Ofen?
Ich: Wunderbar. Ein herrlicher Ofen. Brennt sofort und dauert ...
Er: Geht das Bad?
Ich: Doch. Alles klappt.
Er: Ich dachte, du wärest spazierengegangen, aber ... Ich

könnte dich morgen nach Strausberg fahren lassen. Würde es dir helfen?

Ich: Sehr. Die Fahrt hierher war grauenvoll.

Er: Ja, ich weiß ... ich weiß ...

Ich: Hinten in deinem Wagen ist wohl kein Platz?

Er: Ich? Ha! Meiner ist gar nicht mit, und der andere ist voller Leute.

Ich: Na gut, wann könnte der Chauffeur mich abholen?

Er: Acht Uhr.

Ich: Da bin ich sehr froh. Dann sehe ich dich morgen im Büro.

Er: Ja, ich fahre direkt ins Büro und bin den ganzen Vormittag da.

Ich: Ich hätte dir was zu zeigen. Gute Nacht ...

Er: Gute Nacht, Ruth.

Zu Fuß zehn Minuten, mit dem Auto zwei – das ist die Entfernung zwischen unseren Häusern. Und dabei trennen uns Ozeane. Als ich nach diesem Gespräch in meinen Turm zurückging, beleuchtete der Mond zwei ranke Pappeln, und die Strophe fiel mir ein: »Unser unaufhörliches Gespräch, gleichend dem Gespräch zweier Pappeln, unser vieljähriges Gespräch ist verstummt ...«

»Du solltest froh sein, wenn ich Spaß habe«, hat er mir gesagt. Bin ich frigide? Nur eine frigide Frau kann diesem Verlangen nachkommen – jubelnd sich freuen, wenn er andere küßt. Auch schrieb er mir: »Liebende sind große Leute ...« Warum tritt er dann auf eine große Sache wegen drei, vier Ziegen?«

Natürlich macht die Rechenschaft über die aktuelle Befindlichkeit, über den inneren und äußeren Ort, nur einen Teil der Notate aus. Und natürlich ist sie scheinbar spannender, wenn diese Rechenschaft von einem berühmten Menschen abgelegt wird und wir, die Voyeure, drangehen können, den berühmten Menschen – der uns ja in Gestalt seines Werkes meist schon freiwillig ein erhebliches Stück von sich selber überlassen hat – zu bewerten. Der Blick ins hinterlassene Tagebuch ist nicht so unproblematisch, wie man denkt. Und Diskretion – ich spreche hier gegen mich selber, Sie erinnern sich an die verbrannten großväterlichen Aufzeichnungen – Diskretion endet nicht mit dem Tode. Die Sperrfristen und Streichungen, mit denen um die Tagebücher berühmter Leute ein Mäuerchen gezogen wird – das Publikum wird natürlich mit dem Versprechen auf einen baldigen Blick hinüber angelockt –, markieren ja nur notdürftig eine aktive oder passive Schamgrenze – die des Hinterlassenden ebenso wie des auf die Geheimnisse berühmter Menschen lauernden Nachfahren. Literaturwissenschaft ist ja zu einem saftigen Teil Voyeurismus, und es wäre vielleicht beflügelnd, wenn sie das gelegentlich ein bißchen zeigte. Aber: Auch sehr berühmte Leute, Schöpfer glasharter und unantastbarer Werke, vertrauen sich selber ihr Quantum Banalität an. Und vielleicht ist es am muntersten, wenn man das schon bei Lebzeiten herzeigt, es *TABU* nennend und gleichzeitig damit brechend, bröselnde Freundschaften, wütende Kollegen und ein grinsendes Publikum riskierend – wie Peter Rühmkorf. Da sind wir wieder beim Begriff des Geheimnisses und sehen nun deutlich, daß Kornfelds *oder* sehr hellsichtig ist – Geheimnis *oder* ein Tagebuch – und daß Rühmkorf uns zwingt, die Karten literarischer Neugier auf den Tisch zu legen – er hält uns das Schlüsselloch hin und weidet sich dran, wie wir uns bücken und durchgucken:

»29.5. Telegramm von Schirrmacher: ›Wunderbares Gedicht.‹ Hauptsache, er faxt nicht am gleichen Tag ähnlich Em-
phatisches an Kirsch/Kunert/Ulla Hahn. Eigenartig, wie
auch bei derart avancierten Stücken letzten Endes die Wiederholung die Musik macht und die alte Liedfolie durch-
schlägt: ›Schöner grüner/schöner-grüner Jungfernkranz‹.
Sah vom Balkon aus Tibia vorbeimarschieren: flott gestylte
Windjacke, weißes Sweatshirt, himmelblaue Jeans mit gemein
kalkulierten Arschlugen, bei jedem Schritt blink-blink/
blink-blink, kleine Halbmonde hüpfblitzend, kükengelbes
Haar zu gigantischem Weihnachtsstern hochgekämmt. Beim
Abgang dann sehr rührend ein rotes Tornisterchen auf dem
Rücken. Hielt mich wegen Arbeit an ›Tulpenbaum‹ hinter
Jalousien verborgen, obwohl es rupfte […]

Kurzer Gang durch die einsame Straße, windgetrieben, blü-
tenstaubbeflügelt, dann wieder nach oben und Verblend-
schnäpse zu mir genommen, um als Gast unter Gästen und
Stoff von ihrem Stoff zu erscheinen. Bei der biochemisch ge-
wonnenen Klarsicht immer zweifelhaft, ob sie wirklich geheime Züge aus ihren Betrachtungsgegenständen herausholt
oder nur eigene verborgene Meinungen in sie hineinsieht. So
erschien mir Hofmann z. B. als ein auf beachtlichen Präokku-
pationspolstern hockender Solipsist und von uneingestande-
nen Ressentiments getriebener Condottiere. Füllte ganzen
Abend lang glühende Asche in den städtischen Müllsack (die
Kulturbehörde, die angeblich nur als Fehleinschätzungen,
Versäumnissen und Mangel an gebotener Hochachtung be-
stünde) und nannte seinen Nachfolger Schnede einen ›Mitbe-
stimmungsfex‹: ›Der spricht über Mitbestimmung immer so,
als ob er sie erfunden hätte.‹ Ich genoß seinen gluckernden

Querulantismus sehr, fühlte mich aber plötzlich an meinen Auftrag als Weltmitschreiber erinnert und zog mich mit Stift u. Blöckchen aufs Klo zurück, um paar frische Eindrücke noch im Zustand der Anwehung festzuhalten.«

Das Tagebuch ist der Fundus der Literatur, unbearbeitet warten ganze Kontinente von Biographien darauf, bearbeitet zu werden. An manchen scheitern selbst die tapfersten Eroberer – ich weiß nicht, wie viele Seiten der graphomanen Dame Anaïs Nin noch der Wahrnehmung harren – manche kommen, nach einem gewissen Eroberungsfieber, das der Zeitgeist geschürt hat – da ist Anaïs Nin wiederum ein gutes Beispiel – ein bißchen aus der Mode und werden wieder in den Fundus zurückgelegt – vielleicht, bis man ihrer von neuem bedarf. Es ist höchste Zeit für eine Bemerkung in eigener Sache. Niemals wird man dieses Thema Tagebuch umfassend abhandeln, es zwischen zwei philologische Buchdeckel sperren und mit Motivation, Zuordnung, Wertung und Strichen auf der literarischen Richterskala versehen können: So sind diese Vorlesungen – das Wort macht mir zunehmend Mühe – nicht mit dem Vorsatz entstanden, Ihnen eine Gattung nahezubringen, sondern – Sie erinnern sich – mit dem nicht ganz heimlichen Wunsch, das Lesen zu retten. Wer für sich (ohne zu schielen! Nach dem Publizieren, meine ich!) schreibt, wer sich alle paar Tage oder jeden Tag ein bißchen aus der Zeit nimmt, wird ein anderer Leser sein als vorher. Begeisterter, neugieriger, bereitwilliger – wie Sie wollen. Tagebücher jener anderen zu lesen, die schon am Ruhm teilhaben und sich dennoch dieser Übung mit sich selbst unterziehen, bedeutet, wenn man es ihnen gleich tut und auch in den Papierspiegel schaut, eine unbestechlichere Sicht. Man lernt zu spüren, wenn einer aus dem Fenster heraus schreibt. Man amüsiert sich über literarische Schminke und biographische Freundlichkeitserweise in eigener Sache, es entsteht eine Hin- und Herbewegung zwischen Lesen und Schreiben. Denn: Ist man erst dem großen Dichter auf die Schliche der Selbsterhöhung gekommen, bleibt – so meine ich – der kritische Blick auf die eigene Selbstdarstellung nicht aus. Über die äußeren Ortsbestimmungen – grade wenn Bedrohungen sie in Frage stellen – haben wir schon ein wenig gehört – die inneren Standortbeschreibungen sind ihr Kern, das eingebettete, sich beschreibende und immer wieder seine Relevanz befragende oder behauptende ICH. Da wird es sehr empfindlich: Das Tagebuch scheint mir manchmal wie ein Boot zwischen Bedeutung und Bedeutungslosigkeit des Schreibers zu manövrieren, und wie bei den Booten sind auch bei den Tagebüchern die Unterschiede enorm, vom unsinkbar scheinenden Ozeanriesen bis zur Nußschale: Hören wir Wolfgang Koeppen ein bißchen zu, der diese dünne Grenze der eigenen Bedeutung, ihrer Behauptung vor sich und vor der Welt, lebenslang problematisch erfahren hat: Deshalb behauptet er, ein Nicht-Tagebuchschreiber…

»Das Tagebuch und der moderne Autor – die Frage ist einfach und kompliziert. Ich überlege mir, was das alles bedeuten kann. Der Autor schreibt ein Tagebuch. Er schreibt kein Tagebuch. Er schreibt das Tagebuch für sich. Er schreibt das Tagebuch für seine Leser. Er schreibt es für die Zeitgenossen oder für die Nachwelt. Er denkt an seinen Ruhm. Er denkt an den Tod. Man findet das Tagebuch in seinem Nachlaß. Seine Frau, seine Schwester, seine Kinder sind entsetzt; sie schließen das Tagebuch ein, sie fälschen es, bearbeiten es, sie schöpfen es aus, sie geben dem Geld und dem Drängen eines Verlegers nach. Das Tagebuch interessiert oder es interessiert nicht. Es wird heute oder nach hundert Jahren oder nie gelesen. Es regt zu Doktorarbeiten an, zu Sekundärliteratur, zu anderen Tagebüchern. Das versteht sich von selbst und ist höchst fragwürdig.

Ich soll mich zu dieser Sache äußern. Weiß ich die Antwort? Bin ich der rechte Mann? Ich halte mich nie für den rechten Mann, eine Frage zu beantworten. Eher könnte ich Fragen stellen. Irgendwer wird irgendwann sich mit ihnen beschäftigen. Jetzt bin ich in der ärgerlichen Lage, über eine Beziehung nachzudenken, die mich nicht berührt, die mich sehr tief berührt, die mir heute gleichgültig ist, aber mir gestern nicht gleichgültig war und mir morgen gleichgültig oder nicht gleichgültig sein wird. Das Problem zwingt keinen, sich mit ihm zu beschäftigen. Es ist ein Problem am Rande und doch ein Herzproblem jeder Autorenschaft. Zur Diskussion gestellt, weckt es die vorübergehende freundliche Aufmerksamkeit von Lesern, Schriftstellern, Professoren, jungen Menschen, Herren und Damen in bedeutenden Stellungen, Greisen.

Sie könnten in ihrer Bibliothek oder in einer öffentlichen Bibliothek nach Beispielen suchen, sie könnten sich eine Meinung bilden, sie könnten mir zustimmen oder mir widersprechen. Es ist das Mißgeschick meines Berufes, Zustimmung oder Widerspruch herauszufordern. Was mich ängstigt, das Wenige, das mich hoffen läßt, trage ich auf den Markt. Noch am Ende meiner Tage werde ich mir über nichts klar sein. Wer ist ein moderner Autor? Die meisten Schriftsteller sind zu keiner Stunde ihres Lebens oder ihres Nachruhms moderne Autoren. Waren sie aber auch nur für einen Augenblick moderne Autoren, für den Blitzstrahl einer Erleuchtung lang, bleiben sie es seit Jahrtausenden, bis alle Schrift vergessen ist. Ich bin kein moderner Autor, nur weil man mich jetzt sehen oder hören könnte. Ein Fallstrick, über den ich nicht stolpern werde. Modern ist keine neueste Nachricht. Aber was heißt modern, wie mißt, wiegt, analysiert man das Moderne, woran erkennt man den modernen Autor? Es gibt Maßstäbe, die nicht stimmen, Gewichte, die lädiert sind, Scheidewasser, die nicht scheiden, Augen von kritischen Beobachtern, abgelenkt von einer Nova oder von Kometen, geblendet von unsichtbaren, doch immer tiefer in unser Bewußtsein und Unbewußtsein dringenden Strahlen. Manche meinen, einen modernen Autor gefangen zu haben, sie packen ihn in einen Preis ein, tragen ihn, wohin sie ihn haben wollen, in ihren Salon, auf ein Podium, den Dachgarten, ins Bett, und der Autor schweigt. Die zur Feier geladenen Gäste zweifeln enttäuscht an seiner Echtheit. Es gibt keine Expertise. Und gäbe es eine Expertise, wer bürgt für den Experten? Ich kann nur hoffen, ein Gespür für dieses Thema zu haben. Ich muß mich allein auf mich verlassen. Es ist die einzige Möglichkeit. Ich sehe eine Ahnengalerie des modernen Autors, in der der Urahn der Enkel, der Großvater der Sohn, der Vater ein jeder von ihnen, er selbst und die Summe aller anderen ist. Der moderne Autor ist Geist vom Geiste der modernen Autoren. Das stimmt und ist Unsinn. Der moderne Autor ist immer ein Mann allein. Er hadert mit sich, mit Gott, mit der Schöpfung, mit seinem Hader an Gott und der Schöpfung. Ich sage, es war ein moderner Autor im Lande Uz. Ist das nun ein Blatt aus einem Tagebuch?

Was ist überhaupt ein Tagebuch, das Tagebuch des modernen Autors? Es ist kein Schulheft, kein Prachtband, auf dem mit Schönschrift oder mit Goldschrift gemalt oder geprägt steht ›Mein Tagebuch‹. Das Tagebuch eines modernen Autors kann als Tagebuch geführt werden, es kann aber auch die Form eines Zettels haben, der beschrieben wurde und vielleicht verlorenging, ausgestellt wie ein ungedeckter Scheck, irgendwo, auf einer Reise, einer Flucht, einem Müßiggang, einem Feldzug, in einem Kaffeehaus, am Rande der Straße, nachts im Bett oder unter Brücken, die Aufzeichnung kann auf der Wand eines Gefängnisses stehen, sie kann mit dem eigenen Blut geschrieben oder auf einem Thron verfaßt sein, sie wird ein geschätztes oder mißachtetes Buch, eine verfemte oder eine heilige Schrift werden, sie mag der Erbauung dienen und öfter dem Ärgernis, sie darf ein Roman, eine Philosophie, ein Gedicht, selbst ein Drama sein. Das Tagebuch des modernen Autors ist sein Werk, sein Œuvre; es ist alles, was der Autor geschrieben, was er zu bieten, was er gelebt hat.«

Man ist gar nicht so allein mit seinen Zettelchen – nicht nur in Koeppens Tagebuch-Reflexion tauchen sie auf, sondern (zitiert aus Barbara Bronnens schönem Buch *Die Stadt der Tagebücher*) es hat in der Mitte des achtzehnten Jahrhunderts »James Boswell das erste Konfessions-Tagebuch Europas verfaßt(e), zunächst auf unzähligen Zettelchen notiert, wie er sie gerade fand, und dann ins reine geschrieben.«

Was bedeuten die Zettelchen, Angst vor Endgültigkeit, Abwehr von Bedeutsamkeit? Oder einfach den Wunsch, jedem Gedanken und jedem Bild, das uns entgegenfliegt, einen Platz zum Festsetzen zu bieten? Tagebuch aus Kneipenrechnungen, Bierdeckeln, Fahrscheinen und tausend anderem Lebenskonfetti zusammengesetzt ... Dazu habe ich ein – nicht aufgeschriebenes, bisher nicht aufgeschriebenes Bild: Mein so sehr geschätzter Kollege Wilhelm Genazino (dessen Wegzug die Stadt Frankfurt nicht hätte hinnehmen dürfen, man läßt seine kostbaren Leute nicht einfach gehen!) also Wilhelm, unschlüssig an einer Straßenkreuzung in Jerusalem stehend, hinüber zur Altstadt schauend, und seinen Taschen entquellen Dutzende von weißen Zettelchen, die er einfängt, um sie zu beschreiben. Eine Art poetischer Schnee in Jerusalem, Tagebuch-Arbeitsbuchnotizen, jede einzelne vielleicht unverzichtbar, das weiß man erst später. Nein, ein Diktiergerät ist *nicht* praktischer. Nein, es kommt bei seiner Benutzung *nicht* mehr heraus! Genazino als Boswells Nachfolger, und das in Jerusalem, in der Stadt, die ein anderes Zeitmaß und eine Deutung des Begriffs *unsichtbar und dennoch vorhanden* lehrt. Boswells Tagebücher haben immerhin weit über hundert Jahre auf ihre Entdeckung warten müssen. Und wie Genazino all seine Zettelchen zähmt und sichtbar macht, können wir, seine Leser, nur ahnen. Ich will dieses erste Angebot heute, wie Sie hören, dazu nutzen, die Möglichkeiten des Tagebuchs, seiner Schreiber und seiner Leser, aus immer wieder anderen, manchmal nur sachte verschobenen Blickwinkeln anzuschauen, immer mit dem Hintergedanken, in all den hier versammelten Köpfen oder Gemütern möge sich eine eigene Melodie dazu bilden, aus Erinnerung an die habhaften Wurzeln, die eigenen, die man Aufzeichnungen verdankt, und vielleicht dem Wunsch, der eigenen Handschrift neu zu begegnen. Wir sagen *ich* im Tagebuch. Wir beschwören – oder retten – Orte – äußere und innere. Wir suchen uns einen geschriebenen Platz in der Welt. Wir erzählen Ränder von Geschichten. Wir erliegen den Wonnen der Langeweile wie denen des Abenteuers, und beides fällt im Tagebuch manchmal zusammen. Das Tagebuch muß keine Geschichte erzählen, im Gegenteil. Es kann Voraussetzungen für Geschichten auf den papierenen Dachboden schleppen, dort liegen und verstauben lassen. Es kann voll Enttäuschung gegossen werden und endlos auf immer der gleichen Stelle herumtrampeln – trotzdem entgeht es nicht der Gefahr, daß später andere begierig bei all dem zusehen.

Ingeborg Bachmann hat an dieser Stelle vor vierzig Jahren das *Ich*, das schreibende *Ich* zum Thema gewählt und das sich nicht erfindende, sondern einfach herzeigende *Ich* gleichsam mit hochgezogenen Schultern kommentiert. Verächtlich läßt sie auch ein paar Worte über die Sucht des Publikums nach den Lebensergießungen mediokrer Personen fallen. (Es ist ein Jammer, daß wir eine Kiesbauermeiserschäferanalyse von Ingeborg Bachmann nicht mehr bekommen werden – über die sich herzeigenden Ichs …)

»Gedanken, in einem Tagebuch notiert, sind annehmbar, nicht aber, wenn eine Romanfigur damit konsequenzlos belastet wird. Denn das Ich des Tagebuchschreibers, eines Schriftstellers, hat eine andere Trag- und Belastungsfähigkeit. Es ist ein Ich, das, wie bei André Gide, notieren darf, daß Jammes zu Besuch war, daß eine Reise vorbereitet wird, es kann notieren, welche Bücher gelesen worden sind, welche zu lesen wären. Es spricht von Überlegungen, Kopfschmerzen, vom Wetter und kann im nächsten Augenblick einen Gedanken zur politischen oder literarischen Situation äußern. Obwohl das Tagebuch-Ich wahllos vorzugehen scheint, ist es von Natur wählerisch. Denn das Ich figuriert nicht etwa als der ganze André Gide, sondern es posiert, ich meine das nicht abschätzig, für den Schriftsteller Gide.

Das Tagebuch-Ich hat auch die Besonderheit, daß es die Figur Ich nicht zu erschaffen braucht, genau so wenig wie das Brief-Ich. Es kann gar nicht anders denn als Ich einziehen in den Text. Es muß auch nichts von der Stelle bewegen, es bekommt keine Zusammenhänge aufgebürdet, es geht schrittweise vor oder springt; es kann unterbrechen, alles berühren und alles wieder lassen. Denn dieses Ich zieht nicht als Leben, nicht dreidimensional in den Text ein. Es hört sich an wie ein Widerspruch, weil die Tagebuchform doch als die subjektivste, unmittelbarste Gattung gilt. Und doch, trotz aller Subjektivität, trotz der intimen Äußerung und Mitteilung, verbirgt es die Person. Es heißt ›Ich‹ und immerzu ›Ich‹ in den Tagebüchern, und doch ist auf eine unerklärliche Weise der Autor entrückt und hat Schutz gefunden hinter der *Form*, der Ich-Form, die verlangt ist.

Das Tagebuch ist zwangsweise in Ich-Form. Der Roman, das Gedicht, sind es nicht, und weil Roman und Gedicht die Wahl haben, andere Möglichkeiten haben, verfügen sie über viele Ich-Möglichkeiten, Ich-Probleme. Und es tritt auch nur in diesen beiden Gattungen der Wunsch nach der Zerstörung oder Absetzung des Ich oder seiner Neukonzeption auf.«

Bei allem Respekt vor Ingeborg Bachmann, aber ich glaube, daß dieser letzte Satz nicht stimmt: Die Lektüre veröffentlichter oder unveröffentlichter Tagebücher läßt im Gegenteil sehr oft »den Wunsch nach Zerstörung oder Absetzung des Ich oder seiner Neukonzeption« erkennen. Es ist sogar anzunehmen, daß die Erprobung einer Dekonstruktion des *Ich* sehr oft der Grund ist, warum Tagebücher beharrlich geführt werden. Das *»Ich ist ein anderer«* folgt der Standortbestimmung gar nicht selten, nicht nur bei professionellen Beschreibern des *Ich* und der Welt. Es ist vielleicht nicht falsch, eine kurze Frage aufzubewahren, mit der wir auch bei den nächsten Stunden immer wieder zusammenstoßen werden, sanft, nicht heftig – Wer weiß denn schon, daß ich in der Welt bin? Genügt es, wenn ichs selber weiß – und wie erinnere ich mich daran? Thomas Mann notiert in seinem Tagebuch, wie sehr es ihn stört, daß er auf dem Schiff nach Amerika nicht erkannt wird. Das hört sich, geschrieben am 28. Mai 1934 auf dem Dampfer *Volendam*, so wundervoll wie folgt an:

»Ich kann mich gewisser Empfindungen der Beschämung angesichts der herrschenden völligen Unbekanntschaft mit meiner Existenz nicht entschlagen. Es fehlt an jeder orientierten Aufmerksamkeit auch vonseiten des Kapitäns.«

Ich denke, die »völlige Unbekanntschaft mit der eigenen Existenz« ist einer der wesentlichen Gründe, Tagebuch zu schreiben – vielleicht nicht nur Tagebuch. Das schwindelerregende schwarze Nichts, in das zu gucken keinem, auch nicht dem öffentlichsten Menschen erspart bleibt, wird erträglicher, wenn man es notiert. Sie erinnern sich an den bitteren Kindertraum – es ist ein kollektiver, kaum einer, der an seine Kindheit denkt, erinnert sich nicht an ihn: »Und wenn ich tot bin; werden sie alle an meinem Grab stehen und heulen!« Auf verschlungenen Wegen entwächst diesem alten Zorn über das Unverstandensein und die Einsamkeit das Tagebuch, und Tagebücher lesend, die auf irgendeine Weise vor unsere Augen kommen, entsteht aus ganz fremden Biographien für uns ein Gefühl der Vertrautheit.

Pracht und Elend des Alltäglichen

Meine sehr verehrten Damen und Herren –

Natürlich sind alle Tagebücher langweilig: wer, um den großen Tagebuchschreiber Kierkegaard zu zitieren, wäre so
langweilig, das bestreiten zu wollen? Egal von wem sie stam-
men – aufgeschriebenes Leben zeigt doch oft ödes Gelände,
da wird nicht, wie in Romanen, dramatisch erhitzt, organisiert, gestrafft, geschmückt, verkürzt – das Tagebuch entrollt
sich mit sich wiederholenden Bewegungen und Bildern – es
produziert so eine magische Langeweile. Wir können nicht
aufhören zu lesen, damit wir nicht verpassen, wenn das Leben unseres Objekts an eine Biegung oder eine Stromschnelle
gerät. Auch beim Tagebuchschreiben wissen wir: Die Alltäglichkeit ist es, die Katastrophen vorbereitet, aber auch Zeiten
großen Glücks. Übrigens macht Glück die Tagebücher oft
ein bißchen löchrig, weiße Seiten sind nicht selten die besten!
Auch das wird uns noch öfter beschäftigen, dieses Schwanken
der Waagschalen: Nicht vor lauter Aufzeichnung das Leben
und vor lauter Leben das Aufzeichnen zu vergessen. *Pracht
und Elend des Alltäglichen* soll uns in dieser zweiten Stunde
beschäftigen, und auch das ist wieder vieldeutig zu verstehen
im Tagebuchgelände – was ist alltäglich? Die brasilianische
Slumbewohnerin Maria de Jesus hat vor bald vierzig Jahren in
ihrem *Tagebuch der Armut* ihr Alltägliches aufgeschrieben,

Stephen Hawking hat seine unvorstellbare Alltäglichkeit und Kafka die seine, nur scheinbar vorstellbarer. Und die unsere? Peter Bichsel, weiser Schweizer, der er ist, sagt, nur langweilige Bücher lohnten das Lesen. Marcel Reich-Ranicki, der geneigt ist, der Literatur alles, aber auch alles zu erlauben, außer daß sie ihn langweile, liest dennoch voll Teilnahme: »Habe gefrühstückt. Termin mit dem Zahnarzt, große Schmerzen, lag mittags schlaflos. Trank Tee. Aß ein Schinkenomelette nahm Rotwein. Abends zwei Phanodorm.« Natürlich ist ein von Thomas Mann verzehrtes Schinkenomelette gleichsam geadelt, denn eigentlich – wir hatten da einen freundlichen kleinen Streit – ist das Tagebuch Reich-Ranicki als Gattung suspekt – es folge, sagt er, keinen Gesetzen. Das schließe Tagebücher von literarischer Betrachtung aus, da könne ja jeder hinschreiben, was er wolle. Ich kann nicht widersprechen, aber mich schreckt das scheinbar Anarchische der Gattung weniger, als daß es mich – samt den sich nämlich doch manifestierenden Gesetzmäßigkeiten! – interessiert. (Vielleicht trennt ihn und mich ja nur, daß ihn nur jenes literarisch leuchtende, mich hingegen fast jedes Schinkenomelette, das aufgeschrieben worden ist, interessiert.) Langweilig? Man wird sehen. Da gibt es das täglich zur selben Zeit beobachtete und aufgeschriebene Wetter wie die schriftlich zubereiteten Mahlzeiten, es gibt wunderbare Tagebücher, in denen Jahr für Jahr die Länge der Narzissentriebe und der genaue Zeitpunkt, wann eine ganz bestimmte Magnolie sich öffnet, festgehalten sind. Kranken-, Arbeits- und Künstlerschicksale, aufgelistete Heerscharen von Liebhabern wie bei Brigitte Reimann, Anaïs Nin füllte ganze Tresorräume mit der zunehmend verzweifelten Beschwörung ihrer eigenen Unwiderstehlichkeit. Langweilig? Ganz gewiß! Langweilig? Keine einzige Sekunde.

Vor mehr als zehn Jahren geriet ich über einen Taxifahrer an Tagebücher. An den Dialog, der zu der Transaktion führte, erinnere ich mich genau. Er: Sind Sie die, die wo schreibt? Ich: Ja. Er: Meine Freundin schreibt auch. Ich: Und was macht Ihre Freundin sonst so? Er: Des is net so leicht erzählt. Ich: Und das schreibt sie? Er: So könnt mer saache.

Damals waren durchaus noch die Nachwehen jener für die Literatur äußerst unbekömmlichen Mode zu spüren, in der Authentizität alles, Stil und Sprache hingegen nicht viel galten und der Wert eines Werks oft vom exotischen Lebenswandel seines Verfassers bestimmt wurde. Ziemlich berühmte Autoren, haben daran übrigens emsig mitgewirkt. Wie auch immer: Die Tagebücher der Prostituierten Margot segelten ganz unschuldig auf den auslaufenden Wellen der littérature-verité – von der sie nichts wußte – und wurden gedruckt.

»Heute ist Samstag, und mir ist wieder furchtbar langweilig. Nachher fahre ich mit der Iska in den Wald. Eingekauft habe ich auch wieder wie eine Blöde. Ich habe jetzt nur noch ein paar Mark in der Tasche. Mein Konto ist auch schon wieder überzogen. Ich werde noch bald verrückt. Hoffentlich klappt es bald mal, daß ich für eine Woche nach Karlsruhe fahre. Das wäre ein Ausreißer. In letzter Zeit bin ich überhaupt nicht mit mir zufrieden. Tatsächlich ist der einzige Lichtblick die Iska. Die anderen kann ich alle vergessen. Ich bin furchtbar alleine.

Ich sitze hier bei Elvis-Presley-Musik. Man merkt direkt, daß ich was getrunken habe. Ich armes Schwein, ich weiß gar nicht, warum ich jetzt noch schreibe. Dabei nehme ich mich so zusammen. Der Wolfgang aus dem Haus war hier. Ich habe ihm gleich zu essen gemacht. Und wir haben getrunken. Alles nur, weil ich nicht alleine bleiben will. Wenn er gleich nicht kommt, kriege ich wieder einen Moralischen. Es ist schon eine große Scheiße, Mensch zu sein. Gleich kommen mir wieder die Tränen. Schade, daß ich so ALLEINE bin.

Hoffentlich liest das mal einer mit Verständnis.

Mein Gott, was ist aus mir geworden. Ich heule ja Rotz und Wasser. Was mache ich verkehrt in diesem Leben. Ich versteh die Welt nicht mehr. Vielleicht bin ich auch so furchtbar.«

Am 19. Juli 1910 notiert in Prag ein junger Mann (es ist ein Sonntag) »geschlafen, aufgewacht, geschlafen, aufgewacht, elendes Leben«. Und Margot schreibt am 25.4.84:

»Gestern war ein Tag, da wäre ich besser im Bett geblieben. Es ging einfach alles schief. Ein blöder Brief vom Anwalt, beinahe einen Unfall usw. Heute habe ich auch wieder meine Sünden abgebüßt. Erst fast drei Stunden Heinrich, dann KB. Ich habe ihm erzählt, ich hätte jemanden kennengelernt. Darauf hat er kaum mit mir gesprochen. Ich habe schon bald wieder einen zuviel bekommen. Wir sind dann essen gegangen (bei der Dicken).

Er war wieder unausstehlich. Er hat so in das Fleisch geschnitten und in den Teller noch, daß es mir in den Ohren wehgetan hat. Es war einfach widerlich. Gerade hat mich die Conny angerufen. Ihr geht es nicht besonders gut. Sie will Geld verdienen. Ausgerechnet bei mir. Na, sowas.

Jetzt war ich eine Woche lang trocken. Aber bei KB kann ich einfach nicht nüchtern bleiben. Ich bin froh, daß ich dieses Tagebuch habe, denn ich kann ja niemandem das zumuten, was in mir überhaupt vorgeht. Gestern habe ich nur *dieses* Buch durchgelesen, und ich finde es sehr traurig, wie mein Leben verläuft. Es kommen mir jedesmal die Tränen. Jetzt sind sie da. Ich heule wieder wie ein Schloßhund. Ich darf einfach nichts mehr trinken. Es ist Gift für mich. Aber ewig mich verstellen und immer die Lustige spielen, das geht über meine Kraft. Außerdem habe ich immer Angst. Ich weiß gar nicht mal wovor.«

Auch der grade 27 Jahre alt gewordene Franz Kafka begnügt sich an diesem Sonntag nicht mit der lakonischen Feststellung des »elenden Lebens«. Er fährt fort:

»Wenn ich es bedenke, so muß ich sagen, daß mir meine Erziehung in mancher Richtung sehr geschadet hat. Ich bin ja nicht irgendwo abseits, vielleicht in einer Ruine in den Bergen, erzogen worden, dagegen könnte ich ja kein Wort des Vorwurfes herausbringen. Auf die Gefahr hin, daß die ganze Reihe meiner vergangenen Lehrer dies nicht begreifen kann, gerne und am liebsten wäre ich jener kleine Ruinenbewohner gewesen, abgebrannt, von der Sonne, die da zwischen den Trümmern von allen Seiten auf den lauen Efeu mir geschienen hätte, wenn ich auch im Anfang schwach gewesen wäre unter dem Druck meiner guten Eigenschaften, die mit der Macht des Unkrauts in mir emporgewachsen wären.«

Natürlich geht es hier, das wissen Sie, nicht um irgendwelche Vergleiche – Kafka kann in keinem seiner Sätze, seien sie noch so knapp, den Dichter verbergen – Margot dagegen nimmt das Tagebuch, wie die meisten von uns, als papierenen Eimer, in den man den Unmut, die Traurigkeit, das Zurückzucken bei der Betrachtung des eigenen, in eine falsche Richtung kriechenden Lebens gießen kann. Es gibt aber doch Berührungspunkte, die uns die eigene Begegnung mit dem notierten Alltag vielleicht etwas genauer betrachten lassen. Hier ist in beiden Fällen offenbar nicht großes Unheil aufzuschreiben, keine harten Schnitte, keine Zusammenbrüche. Eher eine Kinderlangeweile, wobei Margot sich ganz bewußtlos einfach begegnet – und uns nebenbei klar wird, daß sie ohne ihre Notizen absolut nichts von ihrem Leben behalten hätte, wieder wie ein Kind, das, sieht es ein altes Photo von sich, fragt:»Wer ist das denn?« (So ging es mir mit Margot, als wir das Tagebuch lektorierten und die Fahnen lasen – sie hörte nicht auf, darüber zu staunen, wer sie gewesen war. Ich spürte eine Art Hochachtung, die sie für ihr gedrucktes Ich entwickelte, über die Leidensfähigkeit, aber auch die Tapferkeit und Chuzpe dieses Ich.) Der Dichter Kafka wendet seine sonntägliche Melancholie unglaublich anmutig in eine geträumte Kindheit, eine, die ihn hätte wachsen lassen wie eine schöne, wilde Pflanze. Dennoch sind seine Worte in dem frühesten von den dreizehn Quartheften, das wir kennen, nicht eigentlich die eines Siebenundzwanzigjährigen. Man findet hier die Jünglingshaftigkeit seines Äußeren in den Worten wieder. »Die Lehrer« kommen nicht nur an dieser Stelle seines Tagebuchs vor, die Autoritäten, die »Grauen Herren«, wenn Sie so wollen. Alltäglichkeit im Tagebuch heißt auch, daß die Schreibenden Schuldige suchen, die tatsächlichen oder vermeintlichen Richtungsweiser im Leben, die für die seelischen Frostbeulen verantwortlich sind. Tagebuch kann – in all seiner Langweiligkeit und Ereignisarmut – auch nachgetragene Kindheit sein. Zeitparallelen, ganz aus eigener Kraft und Erinnerung geborene Wiederholung und scheinbare Veränderung des unveränderlich »Festgeschriebenen« – wenn ich ein wild aufgewachsenes Kind gewesen wäre? Das Tagebuch läßt es uns sein. Das wird allerdings

40

nur in jenen langweiligen Lebensphasen möglich, in denen nicht die aktuelle Wucht von Glück oder Unglück nach Heft und Stift schreit.

Wir sind noch an jenem Sommersonntag des Jahres 1910:

»Wenn ich es bedenke, so muß ich sagen, daß mir meine Erziehung in mancher Richtung sehr geschadet hat. Dieser Vorwurf trifft eine Menge Leute, nämlich meine Eltern, einige Verwandte, einzelne Besucher unseres Hauses, verschiedene Schriftsteller, eine ganz bestimmte Köchin, die mich ein Jahr lang zur Schule führte, einen Haufen Lehrer (die ich in meiner Erinnerung eng zusammendrücken muß, sonst entfällt mir hie und da einer, da ich sie aber so zusammengedrängt habe, bröckelt wieder das Ganze stellenweise ab), einen Schulinspektor, langsam gehende Passanten, kurz, dieser Vorwurf windet sich wie ein Dolch durch die Gesellschaft und keiner, ich wiederhole, leider keiner ist dessen sicher, daß die Dolchspitze nicht einmal plötzlich vorn, hinten oder seitwärts erscheint. Auf diesen Vorwurf will ich keine Widerrede hören, da ich schon zu viele gehört habe und da ich in den meisten Widerreden auch widerlegt worden bin, beziehe ich diese Widerreden mit in meinen Vorwurf und erkläre nun, meine Erziehung und diese Widerlegung haben mir in mancherlei Richtung sehr geschadet.

Oft überlege ich es, und immer muß ich dann sagen, daß mir meine Erziehung in manchem sehr geschadet hat. Dieser Vorwurf geht gegen eine Menge Leute, allerdings sie stehn hier beisammen, wissen wie auf alten Gruppenbildern nichts miteinander anzufangen, die Augen niederzuschlagen fällt ihnen gerade nicht ein und zu lächeln wagen sie vor Erwartung nicht.«

Kafka beginnt dann sogar, die ganze Liste der unguten Figuren nur unwesentlich variiert zu wiederholen, wodurch sie etwas Dämonisches bekommen, gleichzeitig aber der Ton der Kinderklage noch verstärkt wird. Wir finden das in vielen, auch in sehr bewußten und mit dem Interesse der Nachwelt rechnenden Tagebüchern, in den nach innen, für sich selbst geschriebenen gewiß noch mehr. Von denen geraten uns ja nur zufällig welche zur Kenntnis, die Versuchung, sich schreibend Töne zu erlauben, die zu äußern Erwachsene nicht wagen, ist sehr groß. Noch einmal Kafka, der an einer anderen Stelle des frühesten Tagebuchs sagt, er höre »etwas aus sich heraus wie das Winseln einer jungen Katze«. Mit Margots vorweihnachtlicher Traurigkeit wollen wir den niedergeschlagenen Alltag, den ohne Unglück aber auch ohne Glück, eine Zeitlang verlassen. Das Purzeln in die eigene Kindertrauer geschieht auch – vielleicht grade – denen, die außerhalb Haltung herzeigen: Und dieses Sich-Loslassen ist eins der Geheimnisse, die zu verbrannten, vergrabenen, versteckten, gesperrten, in Mikrogramme, Geheimschrift oder (habe ich mal gemacht) griechischen Buchstaben verborgenen Tagebüchern führt. Adornos Satz, der sagt, man werde da geliebt, wo man Schwäche zeigen dürfe ohne Stärke zu provozieren, ist zwar schön, wir trauen ihm aber nicht über den Weg. Das Tagebuch nimmt sie auf, unsere Schwäche, und provozieren tut es erst mal noch lange nichts. Später durchaus, wenn es seine Funktionen erweitert.

Margot am 18.12.83:

»In der Liebe schein ich auch kein Glück zu haben. Ich hatte da einen Freund, der nur Schulden hat und mich fürchterlich immer belügt. Ich habe das Gefühl, er hat es auf meine Eigentumswohnung abgesehen. Na, der fehlt mir gerade noch. Eine Freundin habe ich auch keine mehr. Ich will auch nicht mehr. Ich habe den ganzen Abend geweint. Ich bin so unglücklich. Es ist kaum zu glauben, wieviel Tränen ein Mensch hat. Ich frage mich immer wieder, was ich Schwerwiegendes gemacht habe. Ich komme mir von Gott bestraft vor. Aber für was? Ich bin so einsam und habe eine große Todessehnsucht wieder. Ich mußte den Film Misfits abdrehen, weil ich nicht sehen konnte, wie sie die Pferde jagen. Außerdem spielen fast nur Schauspieler mit, die schon tot sind. Ich beneide sie. Die haben es wenigstens geschafft. Ich wünschte, ich wäre auch tot.«

Manche erinnern sich vielleicht an die erste Stunde, an diesen Kindersatz, der jedem Kind schon mal in den Sinn gekommen ist: »Wenn ich erst tot bin, werden sie alle an meinem Grab stehen und heulen« – und, so könnten wir auch über uns erwachsene Tagebuchschreiber hinzufügen: es wird der Welt leid tun, daß sie sich nicht ordentlich um mich gekümmert hat! Seltsamerweise – dazu werden wir noch kommen – verliert sich die alltäglich-geheime und kindlich-elegische Melodie des Tagebuchs, wenn die Zeiten wirklich heftig werden, das Leben sich um- und umdreht oder gar bedroht ist: kurz, wenn das diffus Alltägliche so verschwindet, daß die Schreibenden es wohl nur zu gern wieder hätten, wenn sie könnten. Der Tagebuchschreiber Gerhard Beier sieht da allerdings nicht ganz zu Unrecht eine Gefahr:

»... wenn wirklich viel passiert und besonders intensive Erlebnisse, Eindrücke und Gedanken auf mich einwirken, dann reißt der Film unter dieser Spannung und das Tagebuch droht, sich in einen löchrigen Käse zu verwandeln.« Der das schreibt, hat mir seinen Plan – aufgrund einer Veröffentlichung dieser Veranstaltung – kurz wie folgt skizziert:

»Größenwahnsinnig, wie ich nun einmal bin, arbeite ich an einem Tagebuch der letzten zehn Jahre des Zweiten Jahrtausends – für mich als Historiker und Schriftsteller eine phantastische Herausforderung. Ich habe damit 1990 begonnen und kann den Abschluß allmählich übersehen. Arbeitstitel: *Der zehnfache Becher*, und zwar in Anspielung auf Johannes R. Becher, der ein Tagebuch des Jahres 1950 veröffentlicht hat. Sokrates mit seinem »Becher« nicht zu vergessen. Mein Rohtext wird etwa 6000 Seiten umfassen. Dabei versuche ich auch, das Tagebuch als literarische Gattung zu reflektieren, und zwar jeweils aus Anlaß von Neuerscheinungen oder Anstößen, die aus den diversen Medien chronologisch und diarisch auf mich einströmen. Die Frage der Veröffentlichung ist für mich nachrangig. Es geht mir mehr um die berühmte ›Selbstverständigung‹. Mit anderen Worten: Das Tagebuch bringt mir Spaß, stützt mein Erinnerungsvermögen und hebt mein Reflexionsniveau.«

Sie erinnern sich an Reich-Ranickis Mißtrauen, seine Ablehnung gegen die Einführung des Tagebuchs – wenn es denn nicht von Dichtern ist, somit per se Dichtung (und wenn, erlaube ich mir anzumerken, zehn Dutzend Schinkenomelettes drin vorkommen und verspeist werden!). Das Regellose, das Ausufernde, das Banale – ja, das heute von uns beschaute

Langweilige und Alltägliche darf sich nur als Wörterfußvolk eines *Werks* zeigen. Da ist Reich-Ranicki merkwürdig einig mit Arno Schmidt, der sonst nicht zu seinen bevorzugten Autoren gehört und der leidenschaftlich dagegen war, daß der gemeine Bürger sein belangloses Leben in Tagebüchern festhalten will. Mir scheint Beiers Sechstausendseitenplan da eine ziemlich erfrischende Antithese – weil sie mir auch etwas zu zeigen scheint von dem, was ich das Glück des Alltäglichen oder seinen Glanz nennen möchte. In diesem Zusammenhang will ich mit Ihnen ein großes Stück in die Zeit zurückspringen, genauer gesagt, in die Jahre 1660 bis 1669. In denen hat ein Gentleman namens Samuel Pepys – übrigens in Geheimschrift – Tagebuch geführt. Nach seinem Tod im Jahr 1703 hat man sie gefunden, und sie sind bis heute eine genußreiche Lektüre für Tagebuchliebhaber. Vom Glück des Alltäglichen kann man bei Pepys eine ganze Menge lernen, von einem sicheren und heiteren Stand in der Welt und gelassener Nachsicht mit anderen – aber auch mit sich selber!

29.6.1663
»Kam mit Mrs. Lane ins Gespräch, und nach vielem Gerede, daß sie nie mehr mit einem Mann ausginge wie sie es früher getan hätte, brachte ich sie mit einem Wort dazu, mit mir zur weiter entfernten Rheinischen Weinstube zu gehen. Dort spendierte ich ihr einen Hummer und zause sie so und taste sie überall ab und mache sie glauben, daß sie eine schöne und frische Haut hat, und in der Tat hat sie sehr weiße Schenkel und Beine, aber furchtbar fett. Als ich es müde war, ließ ich von ihr ab, und jemand, der unsere Dalberei gesehen hatte, rief laut auf der Straße: ›Herr, was küssen Sie die Dame so?‹ und warf einen Stein ans Fenster, was mich ärgerte, aber ich

glaube, man konnte nicht sehen, wie ich sie zauste, und so brachen wir auf, und ich ging zur Hintertür hinaus, ohne bemerkt zu werden, glaube ich; und dann sie zur Hall und ich nach Whitehall, dort ich zu Wasser zum Temple und mit meinem Vetter Roger und Mr. Goldsborough nach Gray's Inn zu seinem Rechtsberater. – Vom Temple ich zu Wasser zurück und zu Sir W. Batten und aß mit ihm: er und seine Gattin und Sir J. Minnes waren heute unten gewesen bei den Ostindienschiffen, die eingelaufen sind, erzählen mir aber nichts davon, sondern nur, daß sie in Woolwich und Deptford gewesen wären und eine Menge Arbeit erledigt hätten. Gott helfe ihnen. Dann nach Hause und lange Laute gespielt und dann, nach einer kurzen Lateinstunde mit Will, zu Bett. Aber ich habe mir letzthin, seit meine Frau weg ist, angewöhnt, meiner Neigung zu jeder Frau, auf die ich Lust habe, allzu freien Lauf zu lassen, was mich beschämt, und werde mich bemühen, es nicht mehr zu tun. Dann eingeschlafen.

30.6.1663

– So endet mit Gottes Segen dieses Tagebuch von zwei Jahren, ich bin in jeder Weise guter Gesundheit und auf dem Wege, vorwärtszukommen und es zu etwas zu bringen. Etwas Geld kann ich dabei zurücklegen, aber nicht viel, ich bin jetzt über 700 Pfund wert, abgesehen von allerlei Habe. Meine Frau mit Ashwell, ihrer Gesellschafterin, auf dem Land bei meinem Vater, ich selbst zu Hause mit W. Hewer und meinem Küchenmädchen Hannah, mein Boy Wayneman ist mir kürzlich weggelaufen. Im Amt mein Ansehen und Einvernehmen gut, besonders mit dem Herzog und Mr. Coventry; nur die übrigen Beamten sind eher mißgünstig, als daß sie mich mögen, da ich den meisten im Weg stehe, besonders Sir W. Batten, dessen Betrügereien ich täglich entgegentrete zu seinem großen Ärger, obwohl er sich mächtig freundlich gibt und bereit, mit mir Freundschaft zu halten, während sich Sir J. Minnes wie ein seniler Trottel von ihm an der Nase herumführen läßt. Meine Frau und ich sind durch meine Eifersucht in letzter Zeit, für die ich wirklich zu tadeln bin, nicht so herzlich miteinander, wie wir waren und eigentlich sein sollten, und ich fürchte, damit wird es bald ganz vorbei sein, wenn ich mich nicht bemühe, ihr gefällig zu sein und doch meine Autorität zu behalten. Die öffentlichen Angelegenheiten stehen schlecht; das Parlament tag und erhebt vier Steuern für den König, was nur wenig ist, wenn man seine Bedürfnisse in Betracht zieht, und auch das nur mühsam abgerungen. Sie sind aufgebracht, so viel Geld hinausgeworfen zu sehen, und keine öffentlichen Schulden bezahlt, sondern alles von einem verschwenderischen Hof verschlungen, den der König, wie man glaubt und hofft, in kurzer Zeit einschränken wird, wenn er sieht, wieviel von den Steuereinnahmen höchstens an ihn geht: er erwartet nämlich, daß ihm seine 1 200 000 Pfund gesichert werden, woran noch über 150 000 Pfund fehlen, wie er selbst dem Parlament berichtet. – Die Stadt voll von der großen Niederlage, die die Portugiesen kürzlich den Spaniern bereiteten, sie waren schon mitten in Portugal eingedrungen. Das Wetter seit zwei oder drei Monaten hintereinander unglaublich regnerisch, kaum einmal ein schöner Tag dazwischen bis heute, wo es sehr schön war und der erste schöne Tag in diesem Sommer. Der Marineetat soll auf 200 000 Pfund jährlich begrenzt werden. Der König noch sehr in Anspruch genommen von Madam Castlemaine und Mrs. Stuart, was Gott im Himmel beenden möge! Ich selbst sehr eifrig dabei, alles zu lernen, was für meine Stellung als Beamter der Marine nötig ist, lese seit kurzem über Holzvermessung und Gezeiten.«

Das Zitat ist ein bißchen länger, weil Samuel Pepys die ganze Breite dessen, was seine Aufmerksamkeit erregt und was zu kommentieren er sich nicht scheut, darin zeigt. Nein, natürlich nicht die ganze – Kleidungs-, Wohn-, Geschmacksfragen, die Kriege, die Pest und die Liebe sind mit hundert anderen seine Themen, und er genießt es, sich als Chronist wie der Mittelpunkt der kleinen und der großen Welt zu fühlen.

Es gibt eine gewisse Königlichkeit bei Tagebuchschreibern, man hat, wenn man sie liest, den Eindruck, da bewohne und beschreibe einer – oder eine – ein eigenes Reich, eine Welt, die aus der Beschreibung entsteht und nur durch sie haltbar gemacht wird. Dabei ist es unwichtig, ob diese Welt aus einem Hundertquadratmetergarten, einer Straßenecke oder einem Imperium besteht. Samuel Pepys war beim Schatzamt angestellt, in einer auskömmlichen Position also, aber wenn immer er seine Notizen macht und seine Gedanken zur allgemeinen Lage aufschreibt, wirkt er irgendwie, als sei er der Chef von allem. Die Alltäglichkeit wird hier wie ein Geschenk, wie etwas Erfreuliches, wofür man dankbar zu sein hat, wahrgenommen. Überflüssig, Ihnen zu sagen, daß die Lektüre Vertrautheitsgefühle aufkommen läßt. Sehr wichtige Dinge haben sich in den paar hundert Jahren nicht verändert, und die neuen Medien haben weder dem Zahnweh noch dem Ehebruch signifikant andere Empfindungen beigesellt, als schon Mister Pepys sie hatte.

Ich denke, es ist sehr wichtig, noch einige dieser Könige und Königinnen der Alltäglichkeit kennenzulernen, denn sie können die Unglücksaufschreiber vielleicht ein bißchen von ihrem Weg bringen: Wenn Sie denken, daß Gelassenheit und Freude am Vorhandenen einfach etwas mit den fortschreitenden Jahren zu tun haben, daß die Jeremiade über den Zustand der Welt und die reich instrumentierten Lamenti über die Qualen der Liebe das Vorrecht junger Tagebuchverfasser sind und sich mit der wachsenden Einsicht und den abkühlenden Leidenschaften geben werden, haben Sie gewiß nicht unrecht. Aber das habe ich nicht gemeint, diese Art innerer Ergrauung ist nicht das Thema, sondern einfach eine früh entwickelte Fähigkeit, den eigenen Mikrokosmos mit Neugier und Vergnügen zu betrachten und zu beschreiben und Honig aus unscheinbaren Blüten zu holen. Ich habe da ein wunderbares Beispiel gefunden, das ich Ihnen nicht vorenthalten will:

»27. September. Gestern auf dem Wenzelsplatz zwei Mädchen begegnet, zu lange den Blick auf einer gehalten, während gerade die andere, wie sich zu spät zeigte, einen häuslich weichen, braunen, faltigen, weiten, vorn ein wenig offenen Mantel trug, zarten Hals und zarte Nase hatte, das Haar war in einer schon vergessenen Weise schön. – Alter Mann mit locker hängenden Hosen auf dem Belvedere. Er pfeift; wenn ich ihn anschaue, hört er auf; schaue ich weg, fängt er wieder an; endlich pfeift er, auch wenn ich ihn anschaue. – Der schöne große Knopf, schön angebracht unten auf dem Ärmel eines Mädchenkleides. Das Kleid auch schön getragen, über amerikanischen Stiefeln schwebend. Wie selten gelingt mir etwas Schönes, und diesem unbeachteten Knopf und seiner unwissenden Schneiderin gelingt's. – Die Erzählerin auf dem Weg zum Belvedere, deren lebhafte Augen unabhängig von den augenblicklichen Worten zufrieden ihre Geschichte bis an ihr Ende überblickten. – Mächtige halbe Halswendung eines starken Mädchens.

30. September. Das Mädchen im Nebenzimmer vorgestern

(H.H.). Ich lag auf dem Kanapee und hörte auf dem Rande des Halbschlafs ihre Stimme. Sie kam mir besonders stark angezogen vor, nicht nur in ihre Kleider, sondern auch in das ganze Nebenzimmer, nur ihre geformte, nackte runde, starke dunkle Schulter, die ich im Bad gesehen hatte, kam gegen ihre Kleider auf. Einen Augenblick schien sie mir zu dampfen und das ganze Nebenzimmer mit ihren Dämpfen zu füllen. Dann stand sie im Mieder von aschgrauer Farbe, das unten so weit vom Körper abstand, daß man sich daraufsetzen und so gewissermaßen reiten konnte.«

Da finde ichs wieder, dieses Wunder – oder Vorbild – der weit offenen Augen, diese bei Kafka doch oft übersehene Heftigkeit des In-der-Welt-Seins. Vielleicht werden wir irgendwann die Frage in uns nicht mehr überhören können, ob sich die Alltage vielleicht verändert haben? In Richtung Unbeschreiblichkeit? Mein nächster Zeuge allerdings scheint das zu widerlegen, er ist aber auch ein Dichter, und die, werden viele von Ihnen sagen, müssen sich auch nicht mit der Beschreibung der allmorgendlich gleichen Parkplatzsuche, der Düsternis einer abgewiesenen Präsentation oder dem Glanz des betrieblichen Weihnachtsfests herumschlagen. Sie können sich genau das Stück aus der sie umgebenden Welt herausbeißen, worauf sie Lust haben, und ihre gewöhnliche Klage, sie trügen eine allzugroße Weltlast auf ihren Schultern, ist auch irgendwie aus der Mode und hat sich in ein paar österreichische Biotope zurückgezogen. Wir haben ihn schon gehört, diesen Alltagsfürsten, von dem ich Ihnen gleich ein Stück zum Leuchten gebrachten Alltags vorlesen werde – unsere Zeit, sicher, und, wie Sie hören werden, auch kein ausgesuchtes Stück davon:

»25.7. Schöner Tag, fast herbstlich, zum Zahnarzt, der mich statt ins Wartezimmer auf die steinerne Bank im Garten beschied. Der mehrfach gestaffelte Blick: in der Ferne die Köhlbrandbrücke mit klitzekleinen Autochen. Gerase als Geschleiche, und zu meinen Füßen der hochaufgeschossene Wegerich mit weißen Auren um die langen braunen Köpfe: Negerjesusse. Anschließend (Benn-Variation: »Leben ist Brückenschlagen/über Zähne die vergehn«) Provisorium nochmal ins Labor, wo der Hausmeister aufgeregt-präpotent: ›Wissen Sie, wo Sie parken?‹ – ›Ja, natürlich bei B + R.‹ – ›Und wo wollen Sie hin?‹ – ›Ja, da will ich hin.‹ – ›Na, dann alles klar.‹ Ohrfeigengesichter mit Polizeiallüren.

Juli 1990

Die Behelfskonstruktion von Anfang an nicht gut, ein Klappertopf. Man empfahl mir Haftcreme, und ich hielt Ausschau nach einer verschwiegenen Apotheke. Auf gern genossenen Umwegen tief in ein mir gänzlich unbekanntes Viertel geraten, verwilderte Straßenraine mit mannshohen Disteln, Klettendickichten, Beifuß, Melde, dann verwunschene Gründerpassagen, mit über jeden engen Nützlichkeitssinn in die Höhe getriebenen Torbögen: Karyatiden, die noch richtig zu tragen hatten, was mir auf einmal mein eigenes falsch geführtes bzw. stumpf versessenes Leben vor Augen führte. So unspezifisch rumgebummelt bin ich vermutlich zuletzt als Student – dann das zentimeterweise unaufhaltsame Versinken in meinem häuslichen Hockergrab.

13.00 Balkon – Strand – und die Nacktheit wieder mal wie abgesprochen. Ein Massai, schlank wie eine Lanze, der in einem buttermilchblauen Blick versinkt, goldenes Langhaar ein paarmal um die Hand geschlungen. Ein magerer weiblicher Aal, an einen haarlosen pyknischen Balg geschlängelt, ziemlich ungelungenes Paar, Kinder, die zusammen Drachen steigen lassen, um anschließend zum Wichsen zwischen den Weidenbüschen zu verschwinden. Tätowierte Freigänger, die noch Zeit für die Liebe und das genügende Geld für Fitneß-Studios haben, ballspielend sich in die Nähe von einem Nymphengrüppchen baggernd: kleine, blöde, süße Geschöpfe ohne jede Ahnung von der wirklichen Welt und mit Trotzlollis in den Mündern. Hl.-Antoniushafte Anfechtung zwischen 14.00 u. 14.30, ihrer abschnittweisen Eroberung tatenlos beiwohnen zu müssen; der Inbesitznahme junger Muskeln, Lippen, Augen und Gedanken –

Nicht, daß du sie gleich auf der Stelle heiraten würdest, aber – Jeder Dorfdepp, wenn er nur die Ringe mitbringt –

22.30–0.30 tiefer fester Tablettenschlaf, dann zu neuen Beunruhigungen aufgewacht. Die mir seit Monaten immer peinvoller zusetzende Aussicht, bis zum Lebensende nicht mehr schmerzfrei kauen, sitzen, gehen und pissen zu können, und im Zweifelsfall Krebs ja auch noch eine ernstzunehmende Krankheit. Ein aus tiefsten Kellergewölben aufsteigendes Verlangen, mir die Tabus aus Marbach kommen zu lassen und auf ihre Verwendlichkeit f. ›Zeitroman‹ zu prüfen …
PS: Und immer soviel Kies im Haus haben, um sich ggf. den Regenbogenschuß seiner Wahl persönlich setzen zu können.«

Also, wie wir sehen, durchaus kein poesieträchtiger Wirklichkeitsausschnitt, und wie gern und neugierig folgt man dem finster-vergnügten Chronisten Rühmkorf, auf seinen Umwegen besonders. Das Tagebuchschreiben selber ist für ihn immer mal wieder Thema:

»Tagebuchschreiber: ein Ludwig Richter des gesellschaftlichen Spülsaums.«

Trotz des Vergleichs geht es ihm und seinen geheimen oder offenen Chronistenkollegen nicht um Genrebildchen, sondern um die Genauigkeit, die man dem »gesellschaftlichen Spülsaum« angedeihen läßt. Ein ziemlich assoziationsträchtiges Wort, als ichs bei Rühmkorf abschreibe, halte ich einen Moment an, um meine eigenen Bilder raufkommen zu lassen, graubrauner Schaum mit Bröckchen drin, fettiges Lebensrändchen, oder angetriebene Muscheln und Salzflocken. »Spülsaum« – hatte ich vorher noch nie gehört.

Das hätte sich Brigitte Reimann wahrscheinlich verbeten, dieses Wort. Und doch sind die beiden Bände ihrer Tagebücher *Ich bedaure nichts* und *Alles schmeckt nach Abschied* aus den Jahren zwischen 1955 und 1970 wahrscheinlich deswegen so erfolgreich, weil sie den anderen, den östlichen »gesellschaftlichen Spülsaum« so genau und, man möchte sagen, unschuldig beschreiben. Die Reimann wird uns auf der Tagebuchreise in die Liebe noch begegnen – aber auch das Abbilden des Alltäglichen kann man bei ihr beobachten, dieses anderen Alltags, dessen Fremdheiten bis jetzt halten und für zähe Mißverständnisse sorgen. Reimann war in der DDR erfolgreich, schon in ihren sehr jungen Jahren, sie liebte den Sozialismus und war zornig, wenn irgendwelche alten Männer oder Apparatschiks was falsch mit ihm machten, wie sie meinte. Ihr geliebter Bruder Lutz war in den Westen gegangen und ihr dadurch völlig entfremdet. Am 30. Mai 1964 gibt es aber ein Wiedersehen, familiären Alltag mit kleinen Sprengkörpern:

»In der Neuendorfer Straße kam uns die ganze Familie lärmend und schreiend entgegengerannt, Vati und Mutti und Dorli, reizender denn je mit dunkel getöntem Haar, der lange Uwe, das Spätzchen, das die ersten Schritte macht, schwankend und vor Aufregung kreischend, und Lutz' Sohn Oliver, ein bildschönes Kind mit riesigen grauen Augen. Ich zitterte vor Furcht und konnte kaum atmen: Lutz erwartete uns oben. Als wir in den Flur traten, kam er aus der Küche: er ist schwerer geworden, die Nase schärfer, das Kinn ist ausgeprägter. Daniel hatte mir im Wagen gesagt, er sei begierig zu sehen, wie wir uns begrüßten (die kalte Schriftsteller-Neugier). Im Flur war es halbdunkel. Ich sagte töricht: ›Ist das der Lutz?‹ Wir haben uns all die Jahre nicht geschrieben; ich wußte, daß er mich verabscheut, er nahm mich für einen Gegner. Auf einmal – ich weiß nicht, wer sich zuerst rührte – gingen wir schnell aufeinander zu und umarmten uns und drückten uns fest aneinander. Ich glaube, er war den Tränen so nahe wie ich.

Abends feierten wir Vatis Geburtstag. Ulis Mädchen war auch da; sie wird Ärztin, ich mag sie sehr. Sie wird einen guten Einfluß auf unseren Halbstarken haben. Später, als ich in meinem dunklen Zimmer saß und heulte, kam sie zu mir und redete mir so lieb und verständig zu, daß ich sie ins Herz schloß. Es ging nämlich ziemlich bös zu an diesem Abend. Natürlich gab es eine politische Debatte; unsere Fraktion bestand aus Daniel, Uwe, Sigrid und mir, und wir stritten gegen Lutz und Uli [...]. Lutz wurde ausfallend, er sagte, man sollte alle diese Leute ›von da oben‹ umlegen und die Parteischulen schließen, dann sei das Land noch zu retten. Mutti lief verzweifelt von einem zum anderen und versuchte zu beschwichtigen […]. Kurz, es war schauderhaft, und als Daniel mich noch anfuhr, ich solle den Mund halten (obgleich er selbst viel radikaler sich gebärdete als ich), da verlor ich den Kopf und lief einfach fort.

Hoy, 31.5.

Von Jon habe ich noch nichts wieder gesehen und gehört. Dieser Sonntag war dreimal so lang wie irgendein anderer Tag. Ich wusch und plättete und las einen ganzen Zola-Roman aus, und die Zeit wollte nicht vergehen. Ich habe alle Schrecken des Lebens, das eine geschiedene Frau führen muß, vorweggenommen. Jetzt endlich ist es sechs Uhr, in zwei, drei Stunden kann ich zu Bett gehen und mich in Schlaf lesen. Die Sonne scheint immer noch, sicherlich kann man schon baden, ich sehe von unserem Fenster aus die Autos und Motorräder der Leute, die von ihren Ausflügen zurückkommen. Werde ich den ganzen Sommer so verbringen müssen, allein, am Schreibtisch, und zusehen, wie die Schatten auf der Giebelwand gegenüber wachsen? […]

Die beiden folgenden Tage in B. waren schöner, Lutz sprach jetzt sachlicher, und wir hörten sachlicher zu. Wir sind schlecht informiert, oft hatten wir keine Argumente, weil uns Lutz mit Tatsachen kam, die wir nicht gekannt hatten. Er hat mich eingeladen, ein halbes Jahr bei ihm in Hamburg zu leben und mich gründlich umzuschauen. Er grüßte mich mit geballter Faust, als er vom Baden kam, und einen Augenblick war ich wieder Madame Gusseli-Gussela wie früher. Einmal umarmte er mich und sagte mit zärtlichem Spott: ›Meine sozialistische Schwester...‹ Am letzten Tag bat er mich, ihm mein Buch zu schicken (seine Freunde drüben besitzen es alle), wir sollten uns auch wieder schreiben. Ich bin glücklich darüber.«

Vielleicht würde die Lektüre der DDR-Tagebücher, die Erkundung der verschiedensten aufgeschriebenen Lebensläufe das Bild besser klären als das qualvolle Kriechen durch die kilometerlangen papierenen Maulwurfsgänge der Stasi. Mir ist nicht bekannt, ob auf diesem Gebiet gesammelt wird, möglich, daß in den sogenannten Neuen Bundesländern das Sammeln beschriebenen Papiers noch immer keine große Konjunktur hat. Dennoch wärs schade, wenn die zerschredderten Widerlichkeiten, die tonnenweise in der Gauckbehörde lagern, mühsam und für teuer Geld restauriert werden, und die Tagebücher der Bewohner, die in den meisten Fällen ziemlich ehrlichen Aufzeichnungen der gelebten Leben, spurlos verschwänden. Der Alltag – das ist ja kein banales Gebilde aus Aufstehen, Kaffeetrinken, Arbeiten, Schlafen – Lieben und Sterben: Da hinein webt sich die Politik, Irrtum, Mut und Feigheit – eben alles. Langweilig? Möglich. Und ganz sicher nicht, nicht einmal bei den ausgewiesenen Literaten, immer große Literatur. Aber ein Fundus, den es zu pflegen gilt. In der Stadt Emmendingen gibt es seit einiger Zeit das *Deutsche Tagebucharchiv*. In Italien liegt der Entschluß, eine ganze Stadt dem Sammeln und Ausstellen unveröffentlichter Tagebücher zu widmen, schon einige Jahre zurück. Vielleicht ist es ja zu spät, so etwas in Deutschlands östlichen Bundesländern zu installieren – vielleicht ist es ja auch gar nicht nötig – aber das bezweifle ich ... Noch mal Brigitte Reimann:

»Bis drei Uhr nachts Diskussion an der Friedrichstraße. Das große Ost-West-Gespräch war ausgebrochen, und das war unbestreitbar das Beste am ganzen Deutschlandtreffen. Am nächsten Tag konnte man Unter den Linden kaum noch durchkommen, alles war verstopft von Gruppen debattierender Leute. Unser Partner, nachts, war ganz geschickt (offenbar vorher geschult); schließlich erledigte ihn aber ein Maurer mit der Frage nach seiner Arbeit. Er konnte weder darüber noch über den Beruf seines Vaters Auskunft geben. Oberfaul.«

Sachte haben unsere Blicke in die fremden, aber nicht unvertrauten Alltage das Heitere und die schöne Selbstbehauptung verloren, das läßt sich gar nicht vermeiden. Mit Maxie Wanders Tagebuchaufzeichnungen, die ihr Mann Fred nach dem viel zu frühen Tod seiner Frau veröffentlichen ließ, kommen wir dahin auch nicht zurück. Maxie Wander war Österreicherin, deswegen ist ihr Blick auf den sie umgebenden DDR-Alltag nicht so angestrengt zustimmend wie der von Brigitte Reimann. Beider Schicksal aber, der viel zu frühe Tod mitten in den Erfolg hinein, wird uns in einer anderen Stunde noch beschäftigen. Maxie Wander, die zu dem Zeitpunkt schon nicht mehr gesund ist, notiert eine »Alltagsszene«, die uns frieren macht, weil so viele Assoziationen möglich sind.

Am 4. April 1972 schreibt sie:

»Vor der Brücke über den Teltowkanal stoppt der Bus, ein Offizier steigt ein und ruft in militärischem Ton: ›Alle Fahrgäste, die stehen, bitte aussteigen!‹

Und einer nach dem andern geht diszipliniert und schweigend zur Tür, steigt aus. Keiner sagt ein Wort, als wären sie erstarrt, aber sie sind nicht erstarrt, viel trauriger – ihre Gesichter drücken Gleichmut aus und Langeweile, Verdrießlichkeit. Keine Frage, nicht einmal Gemurmel. Der Offizier geht durch den Bus und ich frage: ›Wollen Sie uns nicht sagen, was geschehen ist, warum man aussteigen muß?‹ Er wirft einen Blick auf mich, brummt etwas wie: ›Nichts da …‹ Und dann dürfen die Leute wieder einsteigen, genauso schweigend und ergeben. Eine Herde Schafe. Ich mach meinem Herzen noch ein wenig Luft: ›Na schön, das kann ja einen Grund haben, aber man sollte doch den Menschen eine Erklärung geben, ihnen sagen, warum, oder nicht?‹ Niemand antwortet. Eisiges Schweigen um mich herum. Wir fahren weiter. Und ich frage mich bang: Sind das die mündigen, wissenden, allseitig entwickelten Menschen, die wir hervorbringen wollen? Nur ein Kind fragt schließlich seine Mutter, und die antwortet flüsternd und gereizt: ›Ich weiß es ja auch nicht, vielleicht sucht er jemanden!‹«

Sich mit Tagebüchern zu beschäftigen bedeutet, nach einer gewissen Zeit den Chor der Stimmen nicht mehr so sehr nach Epochen als vielmehr nach vertrauten Tönen abzuhorchen. Und manchmal entstehen Zwiegespräche über Dutzende oder Hunderte von Jahren hinweg. Grade das Alltägliche hat sich – obwohl man das nicht denken sollte – in den Tagebüchern fast unverändert erhalten.

Angesichts des letztgehörten Textes von Maxie Wander lohnt es sich, den Begriff »alltäglich« noch ein bißchen mehr anzubohren. Alltäglichkeit – das bedeutet andere Menschen. Und das Tagebuch, dem es gelingt, in gleichem Maße *in sich rein* – aber auch *aus sich raus* zu gucken, wird sich bewußt oder unbewußt immer damit beschäftigen, den Abstand zwischen den anderen Menschen und sich, dem Schreibenden, abzumessen. Das Tagebuch erstellt eine Art Lageplan fürs Ich. Es läßt auch das Empfinden der Fremdheit anderen gegenüber zu. Irgendwann, beim grade Schreiben gelernt habenden Kind heißt dieser Abstand von anderen auf einem Zettelchen oder im verschlossenen Buch: »Mausi ist blöd«. In Maxie Wanders ganz angstvoll lakonischer und scharfer Fremdheitserfahrung ist es das Kind, das die notwendige Frage zu stellen wagt. Und dann findet sich im Tagebuch der Franziska Gräfin zu Reventlow an einem 8. Oktober des Jahres 1901 – sie ist schwanger, hat schon ein Kind, und von ihren Tagebüchern wird beim Thema *Liebe* nicht wenig zu reden sein – eine ganz ungestüme Abstandsbeschwörung zu anderen Menschen. Da ist die Reventlow, die Skandalnudel, die Störerin bürgerlicher Behäbigkeit und Selbsttäuschung, grade dreißig.

(Spießig war die DDR-Gesellschaft übrigens auch, und Brigitte Reimann wurde als sozialistische Femme fatale gehandelt. Auch ihr werden wir im Thema *Liebe* wieder begegnen –)
Also Franziska zu Reventlow:

8. Oktober
»Nachts Sturm und Regen, heute bewegtes Meer und Schaum. Lese Herodot, und es macht mir Spaß. Richtig aufgestanden und angezogen, viel frischer. Nachmittags S. auf dem Bubibett und ich im Stuhl am Fenster. Aber wenn ich so dasitze und nichts tue, überkommt's mich immer wieder, und ich kann nur an die Babies denken. Heute vor vierzehn Tagen legte ich mich. Erst kam der Doktor, der sagte, es würde kommen, und abends der zweite, der mich wieder beruhigte. Am nächsten Tag war ich so froh und glaubte an alles. –

Abends angefangen, der Maus Ilias vorzulesen.

Lieber Gott, behüte mich vor dem ewigen Degoût über Kleinigkeiten. Bleibe allein, dann spuckt dir niemand ins Zimmer. –

Etwas dickfelliger bin ich ja schon geworden, aber noch lange nicht genug. Es ist überhaupt ein Unglück, wenn man kein Plaisir an jeder Sorte von Ekligkeiten und Gehenlassen etc. pp. hat, was hätte man sonst für Freude an den Menschen. Mir gruselt's hier auf Schritt und Tritt, wenn ich unter Menschen bin. Meine ganze Menschenscheu kommt nur aus dem Degoût. Wenn mir einer von oben bis unten appetitlich ist, mag er sonst ein Kamel sein.«

Man denke nur, was die Reventlow alles *nicht* gekannt haben kann: Kein Popcorn im Kino, keinen Kaugummi unter Theatersitzen, man hat sich vor bald hundert Jahren auch nicht um Einkaufskarren gehauen, oder Telephonzellen mit abgeschnittenem Hörer angestarrt. Und was schreibt sie? Es ist ja überhaupt ein Unglück, wenn man kein Plaisir an jeder Sorte von Ekligkeiten und Gehenlassen etc. pp. hat – sollten damals etwa auch schon »Ekligkeiten und Gehenlassen« anerkannte gesellschaftliche Verhaltensweisen gewesen sein? Vielleicht auch schon variationsreich auf diversen Theaterbühnen hergezeigt?

Wirklich – Tagebücher heben einen leichthändig über sehr lange Epochen hinweg, mit ihrem tausendfach dargestellten gewöhnlichen Leben zwischen Abstand und Nähe zu den Mitmenschen. Von echter Misanthropie – die man nirgendwo besser und üppiger ausbreiten kann als im Tagebuch – wollen wir noch gar nicht reden. Nur von dieser leichten und alltäglichen Irritation, die jeder von uns kennt und über die man nicht gern redet, weil eiserne Menschenliebe irgendwie immer noch zum Kanon der politischen Korrektheit gehört, auch wenn mittlerweile jedermann weiß, wie schwer sie durchzuhalten ist. Eigentlich ist sie gar nicht durchzuhalten, und die Beschwörungen haben etwas Gequältes. Das Tagebuch also als ein Ort, der einem die ehrliche Wahrnehmung von sich selbst als »politischem Tier« erlaubt. Obwohl das, wie ein großer und ziemlich krauser Tagebuchverächter sich äußert, eigentlich nicht nötig ist. Daß sein eigenes Werk ohne die Kategorie Tagebuch gar nicht denkbar ist, steht auf einem anderen Blatt.

Arno Schmidt:

»Ganz generell: Fortuna bewahre uns vor all den kahmheutigen abgestandenen hartleibig=unverarbeiteten Nicht=Materialien! (Einzig bei Dem, den vor seinen eigenen Eintragungen, etwa 1 Jahr später, Ekel überkommt: *bei Dem ist durchaus noch Hoffnung!*).

Denn, all meine sabberdlichen Damen & Herrn: das ist eines der zu bekämpfendsten volksthümlichen Vorurtheile, daß das TB besonders ›ehrlich‹ sei! Fein umgekehrt ist's: nahezu *alle* Menschen sind gewohnt, aus Gründen der Selbsterhaltung also zeitlebens, mit sich im Ton innig=ausführlicher Verlogenheit zu verkehren. Hübsch unbewußt natürlich, wie sich's geziemt; aber dennoch. Das TB ›spontan‹? – ajá=sicher; ebenso spontan, wie sich, & gerade im Umgang mit sich=selbst, prompt Verstellung & Geltungsbedürfnis einzustellen pflegen. ›Ehrlich?‹ ist 1 unter 10.000, das wußte schon HAMLET; und ich ergänze: Keiner von Diesen wird, vorsichtshalber, ein TB führen! –

Die Große Literatur ist weitweit ehrlicher, denn jegliches TB! Wie Dem, der noch nicht zu abgenützt ist zum Studieren

& entzückt=Hinhören, der ›Odysseus‹ des JAMES JOYCE dartun kann; (im Vergleich zu dem ›Vater HOMER‹ doch allmählich als wesentlich dünneres Licht erscheint). Daß ›Der Roman‹ seit geraumer Zeit den Anspruch der umfassenderen Aufrichtigkeit erheben kann (mit dem das TB sich nur *brüstet*), hat mehrere Gründe; von denen jedoch jeder einzelne zureichend wäre. Die Hälfte des 1 hat sich schon STANISLAUS JOYCE, der wohl größte Diarist unsres Jahrhunderts, an seinem leiblichen Bruder abstrahiert:

›Jim gilt allgemein als äußerst freimütig in Bezug auf sich selbst. Aber seine Schreibweise ist von der Art, daß man sehr wohl behaupten könnte: er beichte in fremden Zungen – eine leichtere Art zu beichten, als in der normalen Umgangssprache.‹

In Wahrheit liegt es so, daß ein Autor selbstverständlich größere Teile seiner Persönlichkeit in seinen Büchern deponiert, (und sich ergo langsam in sie auflöst): *aber niemals 100=%ig!* Das liegt simpel daran, daß *kein Mensch* auch nur zu 1 Drittel abbildens= & erhaltenswert wäre: Derjenige, der es zu 1% ist, schon Er ist 1 Erlesener unter 100! Meist wird von Jedem nur 1 Redensart brauchbar sein; 1 Grimasse; das 1 oder andre Kleidungsstück & wie er=sie=es trug – weswegen es dann immer so wehmütig=komisch wirkt, wenn Jemand diese=seine 1 Redensart erkennt; und sich sogleich bemüßigt fühlt, freudig (oder auch piquiert) aufzuschreien: ›Ach; der Beträffende, das bin ich?!‹ – Neenee, mein Lieber.: *Hundert* Deines Typs, sorgfältig durch 20 Jahre notiert, gesammelt & arrangiert, ergeben – vorausgesetzt, daß es *sehr* fleißig & geschickt gemacht wird – 1 der Nebenpersonen.«

Vorher hat der Autor Schmidt jeden Tagebuchschreiber der Publikationsgier bezichtigt, natürlich einer heimlichen, und danach schreibt er noch grämlich, die Crux bei den Leuten sei, daß sie nicht wüßten, *welches* Prozent von ihnen denn nun interessant sei. Ziemlich amüsant, wenn man sich den Glanz der Nebensächlichkeiten in manchen Schmidttexten anschaut. Wie auch immer, noch einmal Kierkegaard: Alles ist langweilig – wer wäre so langweilig, das bestreiten zu wollen? Gewiß ist mir der Nachweis nicht gelungen, daß auch das Gegenteil der Behauptung stimmt, daß nämlich nichts langweilig ist, findet es nur seine Form und ein Gegenüber. Daß Arno Schmidt mit seiner Behauptung, jeder Schreibende schiele nach Publikation seiner restlichen – publikationswürdigen! – 99 Prozent, recht hat, glaube ich nicht. Dichter neigen dazu, das Veröffentlichen zu vergöttern – sie geben das zwar nur selten zu, aber es ist so. All die vielen Menschen, die am unübersichtlich großen Bild *Alltag* mitnähen und -pinseln und -stricken, machen das zum weit überwiegenden Teil für sich selber. Sie wissen genau, daß Mäxchens erster Zahn oder die erfolgreiche Teilung einer Astilbenstaude nur begrenztes Interesse in der Welt erweckt. Warum hat uns Jacopo da Pontormo vor hunderten von Jahren mitgeteilt, er habe montags Hammel, Salat, Trauben, Käse und 11 Unzen Brot – am darauf folgenden Sonntag mit Bronzino aber Fadennudeln gegessen? (Ein bißchen erzählt er auch von seinen Skizzen, aber viel weniger als vom Essen! Er hat das nicht uns erzählt, sondern sich selber. Er wird es gemocht haben, nach Jahren, beim Lesen, den Geschmack der Trauben noch einmal auf der Zunge zu haben oder die Unterhaltung mit Bronzino im Ohr. Der aufgeschriebene Alltag gibt eine hübsche kleine Prise Skepsis in die Aufregungen des täglichen Lebens. War doch alles gar nicht so schlimm. War doch auch schön, das sachte dahinrieselnde Dasein. Und das teilt sich uns Nachgeborenen mit, merkwürdigerweise, wenn wir uns in die sanfte Langeweile der Tagebücher versenken, seien sie von Thomas Mann oder – nein, jetzt kann sich jeder denken, wen er will.

Übrigens: Samuel Pepys hat Arno Schmidt gefallen!

11.3.1669

»– Fort ins Amt, dort den ganzen Vormittag beschäftigt, und dann zu Tisch, und dann den ganzen Nachmittag bis spät in meinem Büro sehr beschäftigt; und dann müde nach Hause zum Abendessen, zufrieden mit meiner Frau, und dann zu Bett. Sie tut mir einen Gefallen, was ich allerdings nicht zuzugeben wage, indem sie ein Zimmermädchen eingestellt hat; aber sie sagte mir nach vielen Lobreden, es hätte einen großen Fehler, nämlich es sei sehr hübsch, worauf ich nicht einging, sondern ließ sie weitersprechen. Aber viele Male heute nacht nahm sie Gelegenheit, über ihre Schönheit zu reden und über die Gefahr, in die sie sich begäbe, wenn sie sie nähme, und daß sie doch zweifelte, ob es richtig sei, sie zu nehmen. Aber ich versicherte ihr, ich sei entschlossen, mich von ihren Mädchen fernzuhalten, war aber innerlich froh über die Genugtuung, ein hübsches Mädchen ansehen zu können.

12.3.1669

– Nach Hause, wo ich nach den Mühen dieses Tages meine Frau freundlich anzutreffen dachte, finde sie aber allein im Dunkeln in ihrem Kabinett; und sie fällt mit einer heftigen Schimpfkanonade über mich her, weil sie heute irgend etwas gehört hat, daß Deb sehr fein lebt und Schönheitspfläster-chen trägt und schlecht von ihrer Herrin spricht, was sie mit

Recht ärgern konnte, und das Weibsbild ist ja auch zu tadeln; aber weiß Gott, ich weiß nichts von ihr oder was sie tut oder was aus ihr geworden ist, obwohl Gott weiß, daß der Teufel in mir wünscht, ich wüßte es. Aber ich hoffe, Gott wird mich davor behüten, denn ich würde mir nicht über den Weg trauen, wenn ich es wüßte; aber teils mit hochtrabenden Worten, teils mit Bagatellisieren und dann mit ernsthaftem Zureden brachte ich sie in sehr gute und freundliche Stimmung, das arme Herz, und ich war herzlich froh darüber, denn ich sehe ein, niemand kann glücklicher sein als ich mit ihr, wenn ich nur will. Aber in ihrer Rage sagte sie mir etwas, was mich die ganze Nacht ärgerte, nämlich daß dies sie bewogen hätte, ihrem hübschen Mädchen abzusagen und ein anderes einzustellen, das ganz pockennarbig wäre; das ärgerte mich mächtig und jetzt auch noch, obwohl ich nichts sagte. Dann hinunter zum Abendessen, und sie las mir vor, und dann mit aller erdenklichen Freundlichkeit zu Bett.«

Papierschiffe und Papierflieger
Über Reisetagebücher

Meine sehr verehrten Damen und Herren –

über diesen klassischsten Bereich des Tagebuchs ist viel Unsinn im Umlauf – zum Beispiel, daß das Fernsehen ihm den Garaus gemacht habe, und das gleich doppelt: Wegen des Fernsehens würden Reisetagebücher nicht mehr geschrieben und nicht mehr gelesen. Ich glaube das nicht, im Gegenteil: Das Fernsehen wird dafür sorgen – oder es tut es schon –, daß der Wunsch sowohl nach Reise-Lektüre als auch nach einem Heft, in das man unerhörte Erlebnisse eintragen kann und aus dessen Seitenfalz einem noch nach zehn Jahren glitzernde Sandkörnchen entgegenrieseln, am Leben bleibt. Denken Sie doch daran, wie eindrucksvoll einem fast jeden Tag die Ödigkeit modernen Reisens vor Augen geführt wird! Da ist zunächst jenes arme Luder, den irgendeine unselige Lotterie zum Millionär gemacht hat und der nun sein ganzes Leben in einem Liegestuhl verbringen muß, mit immer der gleichen wortarmen Blondine, und manchmal fragt er verzweifelt, welcher Monat denn sei. Jeden Abend sehen wir ihn. Und dann kommt der gleiche Strand in einer ganz anderen Werbung, diesmal schaukeln drei finster aussehende Köche einen offensichtlich künstlichen Fisch zwischen sich hin und her.
  Sie werden mir entgegenhalten, daß die Zuwachszahlen der

Touristikbranche dafür sprächen, daß der möglichst häufige Aufenthalt an diesem virtuellen Strand, der ja auch in Katalogen dauernd – unter verschiedenen Namen – vorkommt, genau das sei, was die Menschen sich wünschen. Ich glaube das nicht. Viele wissen einfach nicht, daß *Reisen* etwas ganz anderes ist, etwas Furchterregendes, Sehnsucht Erweckendes, etwas Trauriges und wunderbar Unbekömmliches – wie manche Drogen. Die Welt ist allerdings mittlerweile scheinbar so eingerichtet, daß dieses *andere* Reisen nur noch mit dem obengenannten Transportmittel geht: mit Papier. Gewiß sind nicht nur jene Reisetagebücher gemeint (und geeignet, mit Leichtigkeit den Ort zu wechseln), die zur Belehrung des Publikums verfaßt worden sind: Und um auch zu zeigen, was für ein toller und geländegängiger Mensch der Autor ist – nein, grade die Reisen, die in »normalen« Tagebüchern aufgezeichnet sind – weil sie eben zum Leben gehört haben – versetzen den Leser und die Leserin in einen manchmal andauernden Zustand der Unfähigkeit, einem Katalog der einschlägigen Firmen noch Träume abzugewinnen – oder klingt bei irgend jemandem eine verborgene Saite an, wenn er *It's so easy mit All Tours* hört? Vielleicht fangen wir ganz innen, mit einem metaphorischen Reisebegriff an:

Henri-Frédéric Amiel, *Tagebuch und Schicksal,* Berlin, 16. Dezember 1847:
»Ich danke dir, Tagebuch! Meine Erregung hat sich gelegt. Ich bin wieder ruhig und menschenfreundlich. Eben habe ich dies Heft wieder durchgelesen, und mein Vormittag ist mir über diesem Selbstgespräch wie im Fluge vergangen. Übrigens habe ich diese Seiten etwas eintönig gefunden: dieselbe Stimmung kehrt drei- oder viermal wieder. Das ist nun nicht

zu ändern; diese Seiten sind eben nicht zum Lesen bestimmt, ich habe sie geschrieben zu meiner Beruhigung und als Stütze der Erinnerung. Es sind Marksteine meiner Vergangenheit, und manchmal finden sich selbst anstelle eines Marksteines Grabkreuze, steinerne Pyramiden, Zweige, die sich neu begrünt haben, Kieselsteine, Denkmünzen; all das hilft mir, meinen Weg in den elysischen Gefilden der Seele wiederzufinden. Der Pilgrim hat seine Tagereisen bezeichnet, er kann die Spuren seiner Gedanken, seiner Tränen und Freuden wiederfinden. Dies ist mein Reisebuch; wenn einige Stellen andern nützlich sein können, wenn ich sogar der Öffentlichkeit einiges daraus mitgeteilt habe, so sind diese tausend Seiten als Ganzes doch nur brauchbar für mich und die, welche nach mir etwa Anteil nehmen werden an der Entwicklung einer Seele, die im Verborgenen, fern von Lärm und Ruhm gelebt hat. Diese Blätter werden eintönig sein, wenn mein Leben es ist; sie werden sich wiederholen, wenn meine Stimmungen sich wiederholen. So bleiben sie doch immer wahr, und die Wahrheit ist ihre einzige Muse, ihre einzige Rechtfertigung, ihre einzige Aufgabe. Als psychologisches und biographisches Register werden sie mir einmal im Alter wichtig sein, wenn ich alt werde; schon jetzt sind sie für mich wertvoll als Vertraute und als Ruhekissen.«

Der Genfer Henri-Frédéric Amiel, der hier sein *Reisetagebuch* so melancholisch und liebevoll beschreibt, ist von diesem im Lauf seines Lebens sachte verschlungen worden. Erst nach dem Tode (1881) des ungewöhnlich schüchternen und perfektionistischen Gelehrten, wurde er berühmt– durch die 16900 nachgelassenen Seiten seines Tagebuchs. Seine Reisen sind Seelenerkundungen, das hatte Reise immer *auch* zu sein, jedenfalls zu Zeiten, als sie noch nicht zum *Warenkorb* gehörten, also zu den unbedingten Notwendigkeiten im Leben eines westlichen Normalbürgers. So zögerliche Reisende hätte sich Pascal gewünscht, der das Unglück der Menschheit durch deren Unfähigkeit, still daheim sitzen zu bleiben, verursacht sieht. Reisetagebücher waren ja nicht in erster Linie dafür gedacht, das Reisen für jedermann schmackhaft zu machen: Im Gegenteil! Vielerlei Lektüre dieser Art ist eher dazu angetan, den potentiellen Reisenden zum Schaudern zu bringen. Oder ihn über den Umweg der Fremde auf sich selber treffen zu lassen, wie Amiel es vormacht, der aus Genua schreibt:

»Genua, 6. Oktober 1853

Der Himmel ist grau und düster. Den ganzen Tag hat es geregnet und eben erst einen Augenblick aufgehört. Es ist vier Uhr nachmittags. Ich bin noch nicht aus dem Haus gegangen. Was habe ich getan! Ich habe Frau M. in Neapel geschrieben, dann in meinem Führer gelesen, den Tagesplan für morgen gemacht und glücklich, daß ich nicht als Tourist zu leben und herumzulaufen brauche, mich der Träumerei ergeben. Ich habe mit den Dichtern gelebt. Welch innere Erquickung bedeutet diese germanische Brise, die von Glauben, Ideal, Reinheit, Liebe, geistigem Leben kündet! Es ist wie eine Erinnerung an eine andere Welt, die mich in meiner jetzigen Umgebung aufsucht. Ich hatte sie nötig, ich verliere mich so schnell, es fällt mir so leicht abzudanken, mich zu entmagnetisieren, zu entpersönlichen! Schiller und Julius Hammer haben mich in die Heimatluft zurückgeführt; wenn mein Geist kosmopolitisch ist, so ist mein Herz im Grunde germanisch, oder vielmehr, wenn ich mich in allen seelischen Bereichen vergessen kann, so finde ich doch den Frieden nur in der Tiefe des Bewußtseins. All diese Lebensformen, mit denen ich in Berührung gekommen bin, z.B. gestern im Concordiagarten (Dilettanten, Lebemänner), haben mich in ihren Kreis gezogen, mich verwandelt wie der Zaubertrank der Circe. Um wieder ich selbst zu werden, muß ich diese fremden Formen abstoßen, die die Außenwelt mir aufdrängt; um mein Wesen wiederzufinden, muß ich die schmerzhafte Operation der täglichen Mauserung durchmachen. Was an Persönlichkeiten durch all diese Selbstaufgabe hindurch bestehen bleibt, ist die Erinnerung an meine Verwandlungen; keine Wirklichkeit, aber die Fähigkeit zu jeder; kein Stoff, aber die Form, das Modell, die Methode, das Bild der besonderen Substanzen und Monaden; kurz, keine schöpferische, kühne und freie Eigenart, aber die passive Gabe der Nachbildung, die unbegrenzte Bestimmbarkeit.«

Eigentlich hat Amiel in seinem Text schon viel von dem anklingen lassen, was zum Ich auf der Reise gehört: Verwandlung durch andere Bilder und Töne, Erinnerung von außen an das, was Daheim bedeuten kann, oder woran es dort mangelt. Sich verloren haben, sich wiederfinden – das ist kein Katalog von Empfindeleien, die das Neunzehnte sich üppig leistete und das Zwanzigste auf den Sperrmüll getan hat, sondern eine Vertiefung des durch Industrialisierung plattgewalzten Reisebegriffes. Sie erinnern sich? – nein, es bleibt Ihnen gar nichts anderes übrig, denn Sie können dem gar nicht entgehen, Sie sollen »die Seele baumeln lassen«, und das in den »schönsten Wochen des Jahres«. Aber – und das findet sich auch bei dem Genfer Amiel in Genua: Natürlich kein *Tourist* sein. Niemand ist das, nirgendwo. Alle fahren an Orte, wo Touristen nicht sind, aber Einheimische auch nicht. Amiel mit seiner Verweigerung, seinen Träumereien, seinem Rückzug in die portable Heimat Literatur hat vielleicht sogar das Recht, den Begriff für sich abzulehnen – in der Fremde, die längst erobert ist. Schon lange wird die Welt mit einem Netz potentieller Vertrautheit überzogen, das gilt für die unter englischer Regie im Orient erbauten Luxushotels des 19. Jahrhunderts wie für die Clubs der Jetztzeit. Dort wird man vor dem, was Amiel die »schmerzhaften Mauserungen« nennt, verschont. Es wird drauf geachtet, daß die Ferne keine Kanten hat, an denen man sich reiben oder gar verletzen könnte. Warum verreisen die Menschen? Die Frage ist, glauben Sie mir, gar nicht so blöd wie sie angesichts dieser Stadt und der jetzigen Jahreszeit erscheint.

Früher war vielleicht Reise nicht ohne das Vor-Wort »Entdeckung« möglich. Es hatte den Entdeckern niemand die Wege gebahnt und die Fremde auf Verträglichkeit oder Unverträglichkeit getestet. Reise war aber auch oft ein Auskundschaften der Plünderungsmöglichkeiten und der damit Hand in Hand gehende erstaunliche Versuch, den Leuten die ihnen eigenen Götter wegzunehmen und einen anderen an diese Stelle zu tun, der da oft gar nicht oder nach schrecklichen Zurichtungen der Zwangsbekehrten hinpaßte. Es ist ziemlich verführerisch, Parallelen zu behaupten, das wollen wir fürs erste noch nicht tun, obwohl der mit Deckchen und Püppchen hergerichtete Hausaltar tief drin im Regenwald, der seine Göttlichkeit einer Satellitenschüssel verdankt – genug.

Warum also verreisen wir? Was wollen wir plündern? Es gehört ja nicht mehr jener Mut dazu, den es gebraucht hat, als man noch Angst haben mußte, mit den Schiffen über den Weltrand zu purzeln – damals hatten die Schiffe oft gemalte

Augen. Ob die andersfarbigen Leute in der Fremde einen aufessen oder zum Gott machen würden, konnte man eben erst wissen, wenn man es ausprobierte.

Manche schrieben ihre Reisen auf, denke ich, um sie sich selber in späteren Jahren glauben zu können. Sie nehmen uns mit in die Fremde, wir müssen zwischen Wirklichkeit und Märchen nicht immer unterscheiden. Zumal jene, die in den Orient reisten, lernten dort oft, was Schmuck der Wörter bedeutet, wie man seine Aufzeichnungen mit Gold und Farben verziert und was für eine vielschichtige Sache die Wahrheit ist. Die nächsten Zitate bedürfen, anders als in unseren beiden ersten Stunden, wo ich in Ihren Gesichtern oft das Lämpchen habe aufblitzen sehen: »Aha Thomas Mann! Aha Kafka! Aha Rühmkorf!«, einer etwas genaueren biographischen Erläuterung: Die Tagebuchschreiberin und süchtig Reisende Isabelle Eberhardt kennt nämlich kaum jemand.

Sie ist 1877 in der französischen Schweiz aus einer ziemlich krausen Familie hervorgegangen, in der sich Zaristen, Anarchisten, Hauslehrer, Priester und all das wunderbare Personal des neunzehnten Jahrhunderts um ebenso schöne wie untreue Frauen herumtummelten. Isabelle wuchs also inmitten dieses Tohuwabohus auf, lernte schrecklich viel, sprach mit zwölf schon fünf Sprachen und kleidete sich inmitten ihrer drei Brüder als Mann. Mit zwanzig tritt sie – nach Unterweisungen durch die besten Lehrer – zum Islam über. Es ist schade, daß ich Ihnen diese Person hier nur in so knappen Lebensstationen vorstellen kann – jeder unserer Tagebuchschreiber hätte natürlich für sich allein leicht alle fünf Stunden füllen können! Nur so viel: Isabelle unternimmt mehrere Reisen nach Nordafrika, wo sie Liebe, Mordversuche und ähnliche Verwirrungen besteht, sie heiratet, wird als erste Frau der Welt

Mitglied in einer sufistischen Bruderschaft und versucht, in Frankreich die Niederschriften ihres interessanten Lebens kommerziell zu verwerten.

Das Reisetagebuch ist die Tagebuchsparte, bei der das – die vorgeplante Veröffentlichung – am häufigsten vorkommt. Das ist auch zu verstehen, denn Reisen war teuer, man wußte nie, ob man bei der Rückkehr noch eine wohlgesonnene Heimat vorfinden und in die verlassene Lebensform ohne Zögern wieder zurückfinden würde. Viele Autoren haben sich, zu Hause (den vertrauten Regen oder die Langeweile der gegenüberliegenden Straßenseite vor Augen), ihre Reisen verlängert, eben mit Hilfe der Tagebücher, die sich zur Bearbeitung fürs Publikum – aber auch zur Verzögerung der Rückkehr anboten. Welch eine aufwendige Form des Reisens! Da ist wirklich kein Platz für praktische Erwägungen, wie sie Siegfried Diehl so schlagend im FAZ-Magazin anstellt:

»Der Pauschalurlaub ist heutzutage vor allem eine sportliche Unternehmung, wobei sich der Sport weniger auf die Reise an sich als auf ihre finanzielle Planung bezieht. Wer Zeit und Geduld hat, den gut dreihundertseitigen Katalog auch nur eines Veranstalters für nur ein Urlaubsfeld zu studieren, und dazu die gut hundert Seiten füllenden Preisberechnungstabellen, der kann sein ganzes Glück schon machen, bevor er die Koffer packt. Gefragt ist nur ein bißchen Koordinationsgabe, denn es gilt, eine Fülle von abenteuerlich miteinander konkurrierenden Offerten unter einen kostendämpfenden Sonnenhut zu bringen: ›Sparreisen‹ unterscheiden sich hier deutlich von ›Sparangeboten‹, ›Kinderermäßigungen‹ von ›Kinderfestpreisen‹, es gibt – unter freundlichen Umständen – Single-Doppelzimmer ohne Mehrpreis, Vierzehn-Tage-Reisen zum Preis von zehn Tagen, Sieben-Tage-Reisen zum Preis von fünf, besonders wohlfeile Abflugtermine, extra preiswerte Flughäfen, Vergünstigungen beim Frühbuchen und Vergünstigungen beim Spätbuchen – und das ›Rail & Fly-Ticket‹ ist immer dabei.«

»Lauf! Geh! / Nur zum Bersten hält die Wolke inne / Und nur zum Weinen / bleibt der Wanderer Stehn!« schreibt Isabelle Eberhardt. 1902 schifft sie sich erneut nach Nordafrika ein, natürlich weiß sie nicht, daß es für sie keinen Weg zurück geben würde. Was wüßten wir von diesem Leben ohne die Tagebücher, aus denen auch Geschichten und Artikel wurden? So allein, wie sie sich in ihrer Faszination für die fremde Welt und die andere Religion fühlt, ist sie natürlich nicht. Die zweite oder schon dritte Epoche der entdeckten Paradiese ist um die und kurz nach der Jahrhundertwende auf einem Höhepunkt. Daß der Garten Eden eine Wohnstatt für mancherlei Schlangen ist, wußte man schon. Die machten einen Teil des Reizes aus. (Nur als Anmerkung: Wenn Sie in einer Traumferienanlage ausnahmsweise sehr früh aufstehen, werden Sie sauber gekleidete Ureinwohner mit großen Kanistern auf dem Rücken über den Paradiesesrasen wandern sehen. Sie pusten Giftwolken aus Schläuchen, wegen der Schlangen.)

»Aïn-Sefra, Ende September 1903
Eintönig flossen die letzten Sommertage dahin. Algier schlief in der drückenden Hitze eines wolkenlosen Himmels. Die Straßen mit den wenigen Passanten wirkten breiter als gewöhnlich und blaue Fliegenschwärme summten im kurzen Schatten der Häuser. Die Hügel von Mustapha hüllten sich in zarten Staub und das milchige Weiß der Oberstadt verblaßte.

Dennoch ging dort, in den engen Gassen, das feurige Leben weiter, trunken von Licht und Farbe, mit den Frucht- und Tuchauslagen und dem nachdenklichen Gesang der eingesperrten Nachtigallen in den Käfigen vor den maurischen Cafés.

Überdrüssige Langeweile lastete auf Algier, und ich gab mich einer verschwommenen Schläfrigkeit hin, ohne Freude und ohne Leid, einer Schläfrigkeit, die nicht einmal die Sehnsucht kennt, die mit der Faszination des Todes verbunden ist […]

Die lange Reise mit der Eisenbahn durch den ganzen Westen und den ganzen Südwesten Algeriens war wunderschön.

In der ersten freudigen Erregung der Abreise genoß ich einige Stunden der Ruhe und der Träumerei.

So gibt es in manchen Zeiten des Lebens Augenblicke, in denen nichts Außergewöhnliches geschieht, die man aber wegen ihrer unsäglichen Sanftheit nie vergißt […].

… Abends legte ich mich auf eine Matte vor ein maurisches Café. Daneben, über dem Einfahrtstor einer spanischen Herberge, stand in großen, ungeschickten Buchstaben geschrieben: *Defendido entrar gitanos,* »Zigeunern ist der Zutritt verboten«.

Vor mir hob sich eine kahle Mauer von dem opalen Rosa des Sonnenuntergangs ab. Arabische Nomaden hockten am Boden und träumten. Die warme Luft war erfüllt von wohlbekannten Gerüchen, den Düften der Sommerabende im Beduinenland: dem Rauch von Lebensbaum oder Wacholderbüschen, dem Geruch von Ziegenleder, Teer und sonnengebräunter, schwitzender Haut. Und ich genoß die tiefe Wollust des umherirrenden Lebens, die Freude, allein zu sein, unbekannt unter dem muselmanischen Burnus und dem Turban;

ich genoß es, in Ruhe und Frieden zuzuschauen, wie der Tag in diesem Dorf, in dem mich nichts zurückhielt und das ich bei Anbruch der Nacht wieder verlassen sollte, zu Ende ging und seinen roten Schein über die Schlichtheit der Dinge ergoß.«

Die Schlichtheit der Dinge – an einer anderen Stelle sagt sie über einen muselmanischen Friedhof, er sei »ein Ort der ruhigen Melancholie, ohne die geringste Spur von Trostlosigkeit.« Das ist ein Gefühl, diese ruhige Melancholie ohne Trostlosigkeit, mit dem man über lange Strecken die Lektüre älterer Reiseberichte begleitet: Nicht die ganz alten, sie sind oft zu fremd, zu skurril, um im Leser Vertrautheit zu entzünden – sondern die jener Fast-Zeitgenossen, die noch in einer Art Rufweite sind: Sie erzählen von Orten, die wir kennen, und ziemlich oft von solchen, deren unaufhaltsamen Verlust wir mehr oder minder tatenlos mit angesehen haben. Das Algier der Isabelle Eberhardt ist verschwunden, ist ein Ort der Angst geworden, der Verwilderung, eben der Trostlosigkeit.

Isabelle hat nicht mehr lang zu leben, und ihr Tod ist so verrückt wie ihr Leben: Im Oktober 1904 läßt sie sich, nach einer kaum überstandenen Malaria, in einem Slumviertel in Aïn-Sefra nieder. Bei einem ungestümen Gewitter wird sie mitsamt ihrer Hütte fortgespült und von Schlamm begraben. Erst Tage später findet man den Leichnam, und General Lyautey sagt in seiner Trauerrede: »Sie war das, was mich auf der Welt am meisten fasziniert – ein Außenseiter. Was für ein Vergnügen, jemanden zu treffen, der ganz er selbst ist, jenseits aller Vorurteile, aller Heuchelei und aller Klischees, und der ein freies Leben führt wie ein Vogel in der Luft.«

Nun, wir wollen die Freiheit nicht rosa anmalen, sie hat

ihre Fröste, Isabelle Eberhardt, die in der Wüste ertrunken ist, hat sie gekostet. Am 31. Juli des Jahres 1900 schreibt sie, und wir spüren eine Ahnung dessen, was wir zu Ende dieses Jahrhunderts, dessen Beginn Isabelle Eberhardt erlebt hat, wissen: Was zwar fremd war, gelegentlich gefährlich, aber voller Magie, jene Länder – sie werden in Blut getaucht und erholen sich nicht.

»Ach! Werden die jungen Algerier unserer Tage in zehn, zwanzig Jahren noch so sein wie ihre Väter, geprägt von der feierlichen Heiterkeit des unerschütterlichen islamischen Glaubens? [...]

Am ersten Abend in El-Eulma fühlte ich mich stark und sanft an das alte Afrika und das Beduinenland erinnert: die ganze Nacht über bellten Hunde in der Ferne, dann ertönte der Hahnenschrei. Gelassene Heiterkeit, sanfte Melancholie und Sorglosigkeit.

Wie einst erlebte ich auf dem Weg von Biskra nach Touggourt die zauberhafte, berauschende Morgendämmerung in der Wüste ... Gestern in Bir-Sthil, als der alte Wächter uns den Kaffee gab, und heute morgen in El-Moggar, als ich vor dem Feuer sitzend den Morgenkaffee kochte.

Heute nacht gegen 2 Uhr durchquerten wir die unheilvolle Oase von Ourlana: große, mit Mauern aus Stampferde eingefriedete Gärten mit *Séguias,* die nach Salpeter, Feuchtigkeit und Fieber rochen.

Alle Häuser aus ockernem Toub schliefen einen seltsamen Schlaf ...

Dann, in Sidi-Amrane, legte ich mich neben ein Feuer aus trockenem *Djerid* auf den Boden in den heißen Sand, unter dem Glanz unzähliger Sterne ...

O Sahara, bedrohliche Sahara, die du deine schöne unverständliche Seele in deinen ungastlichen trübseligen Einöden verbirgst!

Ja, ich liebe dieses Land aus Sand und Stein, dieses Land der Kamele und der ursprünglichen Menschen, das Land der gefährlichen *Chotts* und *Sebkhas*.

Gestern abend, zwischen M'Raïer und El-Berd, entdeckte ich eigentümliche fetischistische Gebilde von grob menschlicher Gestalt, geschmückt mit rotem und weißem Flitter: dort wurde vor wenigen Jahren ein Muselmane ermordet. Das wilde Monument wurde an dieser Stelle zur Erinnerung an das Blut des Mannes errichtet, der sein Grab in Touggourt fand ...«

Nein, es ist nicht der Folklore-Orient, den sie beschreibt – aber in den Schriften der Eberhardt begegnet man einer Welt, die man wenigstens mancherorts noch wiederfinden könnte, wer weiß, wie lang ...

Gut dreißig Jahre später, im Januar 1936 genau, notiert ekstatisch ein Mann in Algier:

»Algier, Januar 1936
Dieser Garten, dem Fenster gegenüber – ich sehe nur seine Mauern. Und diese paar Blätter, über die das Licht fließt. Weiter oben, das sind immer noch die Blätter. Und weiter oben, das ist die Sonne. Und von all diesem Frohlocken in der Luft, das man draußen fühlt, von all der Freude, die sich über die Welt ergießt, nehme ich nur die Schatten der Blätter wahr, die auf den weißen Vorhängen spielen. Auch fünf Sonnenstrahlen, die in dem Raum geduldig einen leichten Duft getrockneter Kräuter verbreiten. Ein Windhauch, und die

Schatten auf dem Vorhang werden lebendig. Wie nun eine Wolke die Sonne zu- und wieder aufdeckt, und wie jetzt das strahlende Gelb der Vase mit den Mimosen aus dem Schatten auftaucht! Es genügt: dieses einzige, aufgehende Licht, und ich gehe unter in einer verwirrten und schwindelnden Freude.

Allein und angesichts des Schattens der Welt bin ich hier ein Gefangener der Höhle. Ein Nachmittag im Januar. Aber die Kälte bleibt oben in der Luft zurück. Überall ein Sonnenschleier, unter den Fingern würde er zerreißen, und doch wirkt er um alle Dinge ein ewiges Lächeln. Wer bin ich, und was könnte ich tun – wenn nicht teilnehmen am Spiel der Blätter und des Lichts. Dieser Sonnenstrahl sein, in dem meine Zigarette sich verzehrt, diese Lieblichkeit und diese verhaltene Leidenschaft, die die Luft atmet. Wenn ich versuche, mich zu erreichen, so ganz im Innern dieses Lichts. Und wenn ich trachte, diesen köstlichen Geschmack zu begreifen, der das Geheimnis der Welt preisgibt, ihn auszukosten, so bin es ich selbst, den ich auf dem Grund des Universums finde. Ich selbst, das heißt diese höchste Erregung, die mich im Äußerlichen befreit. Sogleich werden mich andere Dinge und die Menschen zurücknehmen. Aber laßt mich diese Minute aus dem Stoff der Zeit schneiden, so wie andere eine Blume zwischen den Seiten lassen. Sie bergen dort einen Spaziergang, wo die Liebe sie gestreift hat. Und auch ich gehe spazieren, aber es ist ein Gott, der mich liebkost. Das Leben ist kurz, und es ist eine Sünde, die Zeit zu vergeuden. Ich vergeude meine Zeit den ganzen Tag über, und die anderen sagen, ich sei sehr rührig. Heute heißt es einmal Halt, und mein Herz geht davon, der Begegnung mit sich selbst entgegen.

[...]

Augenblick köstlichen Schweigens. Die Menschen sind still geworden. Aber der Gesang der Welt erhebt sich, und ich selbst, auf dem Grunde der Höhle in Ketten gelegt, finde Erfüllung, bevor ich begehrt habe. Die Ewigkeit ist da, und ich erhoffte sie. Jetzt kann ich sprechen. Ich weiß nicht, was ich mehr wünschen könnte als diese beständige Gegenwart meiner selbst vor mir selbst. Nicht glücklich zu sein wünsche ich jetzt, sondern allein bewußt zu sein. Man glaubt sich von der Welt abgeschnitten, aber es genügt, daß ein Olivenbaum sich in goldenem Staub erhebt, es genügt dieser oder jener verführerische Strand in der Morgensonne, und man fühlt diesen Widerstand in sich dahinschmelzen. So auch ich. Ich werde mir der Möglichkeiten bewußt, für die ich verantwortlich bin. Jede Minute des Lebens trägt in sich das Gewicht des Wunders und das Antlitz ewiger Jugend.«

Der Tagebuchschreiber Albert Camus nimmt seine Leser mit auf eine Reise in seine Heimat, nach Jahren beschreibt er das vertraute Algier wie *Der Fremde*, der sich in einer vor Zeiten verlassenen Umgebung vor neuem Hintergrund neu sieht. Ich habe das zitiert, weil der Text ein schönes Beispiel dafür bietet, wie die Farben klarer und die Konturen deutlicher werden, wenn man *aufschreibt*. Vielleicht sind jetzt manche über die Sanftheit oder mangelnde Abenteuerlichkeit der ausgewählten Texte ein bißchen enttäuscht. Aber vielleicht hat man vom Reisetagebuch auch oft eine falsche Vorstellung: Mitten aus dem Rachen des Alligators oder unter der Pranke des Löwen heraus schreibt man meist nicht, man wartet als Aufzeichnender den Vulkanausbruch ebenso ab wie das Ende des Taifuns.

Das Reisetagebuch ist oft die Entdeckung kleinerer, stillerer

Wunder, und es ist unschätzbar, wieviel die Nachwelt ihm verdankt. Allen Arten: Dem drögen Aufzeichner wie dem Enthusiasten, der süchtigen Abenteurerin in Männerkleidung wie der englischen Gouvernante, alle haben Welt aufgehoben und dem geneigten Leser Reisen ermöglicht, für die man den Küchentisch oder das Bett nicht zu verlassen braucht.

Das Reisetagebuch ist eigentlich ein *Du-Buch*, es rechnet mit Lesern, es redet an und weiß manchmal gar nicht, wen. Grade diese Stunde wird schrecklich knapp, aber ich will nicht von dem Wunsch lassen, hier keine Konfettitüte angelesener Gelehrsamkeit auszuschütten mit hunderten von Namen großer und kleiner Reisebeschreiber, sondern den einzelnen den Raum geben, der möglich macht, daß in Ihnen der Wunsch wächst weiterzulesen. Alle diese *Du-Bücher* bewegen sich natürlich auf der Grenze zwischen Tagebuch- und Briefliteratur. Deshalb darf man sie aber nicht außer acht lassen, denn sonst käme man um manche Goethe-Köstlichkeit herum. In meinem von Boerner herausgegebenen Ergänzungsband *Tagebücher* zum Artemis-Goethe sind diese mit dem Du versehenen Reisetagebücher enthalten. Tut hier aber nichts zur Sache, das *du*, denn wir alle sind das *du*, an die diese offenäugigen Reisenden sich wenden. Zuerst aber ein anderer, der sich da auch Gedanken gemacht hat, 1911:

»29. September. Goethes Tagebücher. Ein Mensch, der kein Tagebuch hat, ist einem Tagebuch gegenüber in einer falschen Position. Wenn er zum Beispiel in Goethes Tagebüchern liest: ›11.1.1797. Den ganzen Tag zu Hause mit verschiedenen Anordnungen beschäftigt‹, so scheint es ihm, er selbst hätte noch niemals an einem Tag so wenig gemacht.

Reisebetrachtungen Goethes anders als die heutigen, weil

sie aus einer Postkutsche gemacht und mit den langsamen Veränderungen des Geländes sich einfacher entwickeln und viel leichter selbst von demjenigen verfolgt werden können, der jene Gegenden nicht kennt. Ein ruhiges, förmlich landschaftliches Denken tritt ein. Da die Gegend unbeschädigt in ihrem eingeborenen Charakter dem Insassen des Wagens sich darbietet und auch die Landstraßen das Land viel natürlicher schneiden als die Eisenbahnstrecken, zu denen sie vielleicht im gleichen Verhältnis stehen wie Flüsse zu Kanälen, so braucht es auch beim Beschauer keiner Gewalttätigkeiten, und er kann ohne große Mühe systematisch sein. Augenblicksbeobachtungen gibt es daher wenige, meist nur in Innenräumen, wo bestimmte Menschen gleich grenzenlos einem vor den Augen aufbrausen ...«

Allein mit diesem Tagebuchschreiber, Franz Kafka, dessen Reisen, obwohl sie oft traurige Gründe hatten, auch so sehr zum Nachreisen am Küchentisch einladen, hätte man alle Poetikvorlesungen der Welt bestreiten können – aber kurz zu meinem schon anfangs zugegebenen Vorbehalt gegen das Wort *Vorlesung* (bei dem mir schon früher immer der *Datterich* mit dem schönen Zitat in den Sinn gekommen ist »Von oben herab, sprach Bonabatt!«) – es soll ja hier nichts anderes stattfinden als eine Anregungsstunde zum Weiterlesen, und vielleicht zum Tagebuchschreiben.

Kafkas Hinweis auf die notwendige Reiselangsamkeit triffts natürlich ganz genau. Es heißt ja eben Reisetagebuch und nicht Aufenthalts- oder Zieltagebuch. Nur, was soll man machen? Manchmal denke ich an den reisenden Schauspieler und wunderbaren Beckett-Interpreten Michael Altmann, der seit Jahren zu Fuß durch die Welt wandert. Auf seine Tagebücher wäre ich gespannt. (Ich bin sicher, daß er ihrer so viel verbraucht wie Schuhsohlen!) Andererseits habe ich gehört, daß man aus Frankfurt zum Beispiel zu Fuß gar nicht raus-kommt, ohne in akute Lebensgefahr wegen Überqueren-müssens von Auto- oder Landebahnen zu geraten. Und was würde die straffe Tourismusbranche machen, wenn lauter In-dividualisten durch die Welt kasperten und sich Ankunfts-tage, Basarbesuche oder Begegnungen mit den ominösen *Einheimischen* selber aussuchen wollten? Reisetagebücher führen Leute, die sich von niemandem sagen lassen mögen, wie man reist – und jetzt endlich *Er,* entschuldigen Sie, daß man sich so leicht zu kleinen Nebenreisen verführen läßt!

1786

25. Oktober. Abends. Perugia. Zwey Abende hab ich nicht ge-schrieben es war nicht möglich, unsre Herbergen waren so schlecht, daß an kein auslegen eines Blats zu dencken war. Es bleibt mir viel zurück. Indeß wird auf alle Fälle die zweyte Epoche meiner Reise von Venedig auf Rom weniger reichhal-tig aus mehr als Einer Ursache.

d. 23. früh unsrer Uhr um 10 kamen wir aus den Apenni-nen hervor und sahen Florenz liegen, in einem weiten Thal das unglaublich bebaut und ins unendliche mit Häusern und Villen besät ist.

Von der Stadt sag ich nichts die ist unzählichmal beschrie-ben. Den Lustgarten Boboli der gar köstlich liegt hab ich nur durchlaufen, so den Dom, das Batisterium, an denen beyden Gebäuden der Menschenwitz sich nicht erschöpft hat.

Der Stadt sieht man den Reichthum an der sie erbaut hat und eine Folge von glücklichen Regierungen.

Überhaupt fällt es auf wie in Toskana gleich die öffentlichen Wercke als Wege Brücken für ein schönes grandioses Ansehn haben, das ist alles wie ein Puppenschranck.

Was ich neulich von den Apenninen sagte was sie seyn könnten das ist Toskana. Weil es soviel tiefer lag, hat das alte Meer recht seine Schuldigkeit gethan und tiefen Lehm Boden aufgehäuft, er ist hellgelb und sehr leicht zu bearbeiten, sie pflügen tief aber noch recht auf die ursprüngliche Art, ihr Pflug hat keine Räder, und die Pflugschaar ist nicht beweglich, so schleppt sich der Bauer hinter seinen Ochsen gebückt her, und wühlt die Erde auf. Es wird bis fünfmal gepflügt. Wenig und nur sehr leichten Dünger hab ich gesehn und den streuen sie mit den Händen. Wahre Kinder der Natur wie wir bey Schilderung ihres Charackters noch mehr sehen werden.

Auch hier ist allerley zu sehen das ich liegen laße, eh ich nach Rom komme mag ich die Augen nicht aufthun, das herz nicht erheben. Ich habe noch drey tage hin und es ist mir noch als wenn ich nie hinkäme.

Wenn ich diese Reise noch einmal machte wüßt ichs auch nun beßer. Denn mit dem verschiednen Gelde, den Preisen, den Vetturinen, den schlechten Wirthshäusern ist es eine tagtägliche Noth, daß einer der zum erstenmal wie ich allein geht und ununterbrochnen Genuß suchte und hoffte, unglücklich genug sich finden müßte. Ich habe nichts gewollt als das Land sehn auf welche Kosten es wolle und wenn sie mich auf Ixions Rad nach Rom bringen; so bin ich's zufrieden. Wenn ich Tischbein gesprochen habe dann schildre ich die Italiäner überhaupt wie ich sie gesehn habe. Du magsts dann mit andren Schilderungen zusammenhalten.

Ich sudle erstaunlich, verzeih es der Kälte und der Unbequemlichkeit meines Schreibtisches. Ich habe dir soviel gedacht diese zwey tage daß ich wenigstens etwas zu Papier bringen möchte.

Wenn man die erste poetische Idee daß die Menschen meist unter freyem Himmel lebten und sich nur manchmal aus Noth in Hölen retirirten, noch realisirt sehn will; so muß man die Gebäude hier herum, besonders auf dem Lande ansehn. Ganz im Sinn und Geschmack der Hölen.«

Goethe, der da schreibt, er wolle vor Erreichung Roms weder die Augen auftun noch das Herz erheben (und das natürlich in jedem Augenblick doch tut, jedenfalls das mit den Augen …), weist uns Reisetagebuchschreiber und -leser ganz unschuldig auf einen sehr heiklen Punkt hin: »Die Anverwandlung des Fremden und die Erreichung des richtigen Maßes darin« könnte eine Abhandlung über diesen empfindlichen Gegenstand heißen. Ich habe keine solche gefunden und muß daher mit ein paar Gedanken versuchen, Sie bei dem Thema noch ein wenig festzuhalten. Die Menschen sind ja beileibe nicht immer nur gereist, um zu lernen – insgeheim fanden und finden sie es zu Hause so wohl organisiert und gut eingerichtet, daß sie nicht abgeneigt sind, diese kulturellen Leistungen in der Fremde ein wenig zu verbreiten. Wer hat noch nicht erlebt, wie Landsleute fremden Völkern Unterricht im Kaffeekochen oder Bettenmachen erteilen? Es scheint in den Menschen aus unseren Breiten oft eine gewisse Erbitterung darüber zu herrschen, daß die hübschesten Gegenden mit notabene dem besten Wetter von so ungeschickten Einwohnern besetzt gehalten werden.

Goethe ist auch ein bißchen so: Nicht nur über gräßliche Hotels und unsachgemäßes Pflügen der Landbewohner regt er sich auf – anders allerdings als den Reisenden unserer Tage konnte ihm nicht in den Sinn kommen, einen *Veranstalter* dafür haftbar zu machen, daß es woanders gelegentlich anders ist. Er hat's halt nur, meist heiter, gelegentlich genervt registriert, mit seinem wachen, neugierigen, wie Kafka schreibt *landschaftlichen* Denken. Wahrscheinlich hätte er auch nicht gutgeheißen, wenn die Welt überall gleichgemacht und verwechselbar wäre, wir erinnern uns noch an die großen Giftspritzen im Morgengrauen? (Vor sehr vielen Jahren habe ich mal einen schönen Ort im Nordosten Brasiliens kennenlernen dürfen. Da wurde grade mit dem Bau einer Feriensiedlung angefangen, alle Naslang war der Strom weg, es gab köstliche Überschwemmungen, tolle Musik aus der Küche, die mit allem, was man in der Küche braucht, gemacht wurde. Eine besondere Attraktion boten für mich wunderschöne neonblaue Krebse, die sehr neugierig waren und einen an den Zehen zupften – ganz vorsichtig. Nichts von allem hat die Fertigstellung der Siedlung überlebt.) Andererseits muß ich zugeben, daß ein Tiererlebnis an der ungarischen Grenze vor auch sehr vielen Jahren ganz andere Reaktionen in mir erweckte, da handelte es sich um ebenso zutrauliche, etwa mausgroße Kakerlaken, deren Verschwinden ich durchaus begrüßt hätte. Sie haben mir allerdings den Anblick eines kompletten Fernsehteams, das mit gerafften Hosenbeinen zitternd auf einem Tisch steht, verschafft.

Leider habe ich auf Reisen nie Tagebücher geführt, das bedaure ich heute. Wie kritisch darf man, wie enthusiastisch muß man in der Fremde sein? Ich kann mich selber nur noch anhand von Erinnerungsfetzchen, Anekdoten, Assoziationen überprüfen.

Das Reisetagebuch macht gewiß tolerant, es schärft die Wahrnehmung, es kann mit Unterschieden leben, ja, es schätzt sie manchmal. Aber es betet sie nicht bewußtlos an. Auch diese Phase des Reisens gab es, und eine dauerbegeisterte Haltung allem gegenüber, was man nicht verstand. Ein paar Bröckchen davon dümpeln in manchen Diskussionen über das sogenannte *Multikulturelle* noch herum.

Das kommt von damals, als durchaus gelernte Agnostiker plötzlich fremdsprachige Götter anbeteten, Speisen aßen, deren Bestandteile ihnen weder bekannt noch bekömmlich waren, und Kleidung anlegten, die ihnen nicht stand. Wenn ein fremdes Land dann auch noch die Staatsdoktrin ausprobierte, der grade unser Herz gehörte – um so besser. Von diesem Enthusiasmus hat sich noch erstaunlich viel erhalten, und es kann einem passieren, daß Beschneidung von Mädchen oder das Filetieren eines Fischs bei lebendigem Leib mit dem Etikett *kulturelle Identität* versehen wird und damit Kritikverbot hat.

Reisetagebücher lehren Fremde verstehen – aber auch Nicht-verstehen.

Und weil ich keins führte, weiß ich nicht mehr, wann in den siebziger Jahren ich in Marokko in einem Hammam saß, mit vielen Frauen, die mir das Glück schenkten, mich schlank fühlen zu dürfen. Mein missionarisches Geplapper über Frauenstudium, Befreiung, selbstbestimmtes Leben ging unter in den lauten Mitleidsschreien meiner unbefreiten Schwestern, weil ich keinen Sohn hatte – was, nicht einmal ein klitzekleines nutzloses Töchterlein? Gar nichts??? Pauvre! Pauvre! Da saßen wir und dampften vor uns hin vor gegenseitigem Mitleid. Nach diesem Tag hätte ich mich morgens in einen kühlen, schattigen, nach Zitronen und Rosen duftenden Innenhof setzen sollen, ein Heftel auf den Knien, und aufschreiben, um zu behalten.

Die Gräfin Ursula Schlieffen hat mir erlaubt, ein Stück aus einem ihrer Reisetagebücher zu zitieren, ein Beispiel, wie man sich die weite Ferne heranholt und haltbar macht: Ob nur für sich oder auch später für andere, ist vorderhand nicht das Wichtigste. Wir wissen sowieso, daß sich nachfolgende Generationen von entdecktem Geschriebenen ernähren werden – oder wir hoffen es ...

»28. Oktober 1995:
Die Fahrt nach Ha Long Bay, das zweite wesentliche Ziel meiner Reise. Die Fahrt beginnt um 7.00 Uhr, wir fahren die gleiche Strecke wie nach But Thap, wieder in wildem Tempo durch den Verkehr hindurch. Die Wegstrecke ist schlecht, Löcher, entgegenkommende Vehikel aller Art, Bremsen, Beschleunigen, wieder Vollbremsung – nach zwei Stunden ist mir ziemlich übel. Wieder sehe ich das Leben auf dem Lande. Es gibt viele Hunde, kleine Kinder spielen mit ihnen wie mit ihresgleichen. Hunde, die im eigenen Haus geboren werden, ißt man nicht, weil die Familie sie liebt. Niemand schnallt sich hier im Auto an, auch Ha kennt keine Furcht. Auch in der Dämmerung, wo alle Fahrräder unbeleuchtet sind, und die Autos mit Aufblendlicht fahren, entgegenkommende Fahrzeuge nur die äußere Lampe brennen haben, so daß man zunächst an ein Motorrad glaubt – all das schreckt niemanden. Babys, die gerade sitzen können, sitzen freihändig in Drahtkörben hinter dem Sattel, die Mutter fährt ohne Beleuchtung am Rand der Landstraße, auf der die Hölle los ist. Andere haben quer über der Lenkstange Bambusrohre und lange Stangen. Vietnam soll die höchste Unfallrate der Welt haben – und dazu kein einziges brauchbares Krankenhaus.
Um drei Uhr nachmittags bekommen wir ein Boot für Ha

und mich allein und verlassen die Anlegestelle nach 10-minütigem lautem Geschrei der Bootsführer, die mit langen Stangen die ineinander verklemmten Schiffe flott machen müssen. Es ist dunstig, der Himmel bedeckt, das Wasser still und bleiern, die Schemen der Inseln sind fern am Horizont. Es gibt nirgends eine Farbe, wir fahren in einer Bleistiftzeichnung, in einem schwarz-weiß-Foto. Überall Schiffe auf dem glatten Wasser, schmale Boote mit Fischern, viereckige kastenartige Hausboote, Dschunken mit fledermausartigen Segeln, nahe und ferne Schiffe – es sieht zauberhaft aus. Selbst Ha, die ein Ausbund von Temperamentlosigkeit ist, gerät in Bewegung!

Wir nähern uns den Inseln, die in der Tat ein Weltwunder sind. Die vorgelagerten erscheinen als dunkle Massive, Kegel, Tore, Kuppeln, Zacken, die dahinter liegenden etwas heller, die noch weiter dahinter liegenden blaß, immer blasser, sich wie Kulissen ineinanderschiebend, die fernsten im Dunst aufgelöst. Ich mache Bleistiftskizzen während der Fahrt und trinke Tee. Wir fahren in die Buchten ein, es eröffnen sich unglaubliche Ausblicke auf unglaubliche Formationen, die aus dem Wasser ragen und sich mit jedem Blickwinkel verwandeln. Durch das fehlende Sonnenlicht gibt es keine Tiefenwirkung, man sieht die Inseln als scheibenförmige Silhouetten, flach, grau, zweidimensional. Die Sonne nähert sich dem Horizont, das Wasser wird silbern und zeigt in der Ferne einen weißen Strich. Überall dazwischen Schiffe, die ein Teil der wunderbaren Szenerie sind. Auf der Rückfahrt verstärkt sich der Dunst, wir fahren durch rosa angestrahlten Nebel, in einer nie gesehenen Beleuchtung. In der Bucht sieht man die ersten Lichter. Wir kommen in der Dunkelheit zurück, unser Schiff hat kein Licht, ein schwarzer Klotz im schwarzen Wasser. Unvermutet tauchen dicht vor oder neben uns ebensolche unbeleuchteten Boote auf. Wir fahren langsam, das Wasser gluckst und spiegelt die Lichter der Hafengebäude. Wieder ist alles zu eng am Hafen, wieder gibt es 10 Minuten Geschrei und Hantieren mit den Stangen, dann sind wir da.

29. Oktober 1995:
Die zweite Bootstour am frühen Morgen, zunächst im Dunst und später in der Sonne. Im ersten Morgenlicht bleibt die grau-in-grau-Schichtung erhalten, aber das Wasser ist fast weiß und die Schiffe leuchten. Die Dschunken entfalten prächtige, leuchtend rote Fledermausflügel, die sie in alle Richtungen drehen, zum Teil mehrere übereinander. Aber auch viele einzelne Fischer sitzen in ihren schmalen Bötchen, ganz am Ende, den Dreieckshut auf dem Kopf. Ein Boot kommt nah an uns heran: An den äußeren Enden sitzen ein Mann und eine Frau. In der Mitte des Bootes ist ein Lattengestell, in dem eine Hängematte baumelt, darin liegt ein Säugling. Das Gestell hat eine Dachplane: Darauf sitzen reglos zwei Kleinkinder, fast noch Babys, mit schwärzlichen Gesichtern und struppigen Haaren. Das Boot ist ihr Zuhause, sonst gibt es nichts.

Mit steigender Sonne hört die Lichtspiegelung auf und das Wasser wird dunkelgrün und klar bis in die Tiefe. Die Inseln bekommen Form und Licht und Schatten.«

Das Fremde darf fremd bleiben, wenn es so genau und teilnehmend (sich einen Teil nehmend) angeschaut wird. Reisetagebücher entstehen nicht aus der Haltung: »Wir sind fast echte Südfranzosen und alle anderen sind Touristen.« Reisetagebücher würden die Idee verhindern, deutschen Wahlkampf auf Mallorca zu inszenieren. (In einer einzigen Hinsicht gebe ich einen Wunsch nach erfolgreicher Missionierung fremder Länder zu: Daß vor Touristen- und vor allem Touristinnenaugen den Tauben nicht mehr aus Spaß die Füße weggeschossen und lebende Schildkröten an Fleischerhaken durch den Hals aufgehängt werden – und da könnte ich noch einen ziemlichen Katalog dranhängen.) Aber lassen wir das. Wir haben die Reisen ins Vertraute ein bißchen vernachlässigt, die gibt es natürlich auch, und wunderbare Tagebücher dazu, die nicht nur Orte aufheben, sondern auch Zeiten. Reisen ins Vertraute, das meint nicht jene britische Fähigkeit, das Gewohnte in den hintersten Urwaldwinkel mitzunehmen, und sich noch am Kraterrand des Vesuvs zum Abendessen umzuziehen. Es meint auch nicht den Siegeszug von Rührei mit Speck zum Frühstück bis in die hinterste Ecke der Tropen – es geht einfach um das, was man früher »Sommerfrische« nannte, nicht weit weg, nichts Dramatisches, nichts allzu Abenteuerliches, Aufregendes oder Exotisches. Einfach den *locus amoenus* finden, der, wir erinnern uns, eine besonders erlesene Form der Langeweile bereithalten mag – August Varnhagen von Ense 1815 in seinem Reisetagebuch, auch ein *Du-Buch* für seine Frau Rachel – man merkt ihm ordentlich an, daß er, um sie zu erfreuen, sich poetisch bemüht – erst heißt es:

»Freitag, den 16. Juni 1815.
Nach Baden gefahren. Noch mit dem Tag angekommen. Im Gesellschaftszimmer geblieben, nach Tische mit Mariane Saling, Jettchen Ephraim und Frau von Münk und einem Herrn von Beider im Park gegangen. Um 12 Uhr zu Bette. Das Wetter schön; Mondschein.«

Aber dann langweilt er sich offenbar mit sich selber oder *sich lesend:*

»Sonntag, den 18. Juni.
Wunderschönes Wetter: nicht zu heiß, und nicht zu kühl, sehr erfrischend. Ich nahm um 11 Uhr mein erstes Bad mit Frau von Ephraim: es that mir sehr wohl; ich befand mich den ganzen Tag besser, und hustete nur äußerst wenig. Nach dem Essen und der Siesta fuhren Frau von Ephraim, Mariane, Gräfin Dietrichstein, die Baronin Münk und ich, zu Frau von Bartenstein, auf ihr Schloß, im Dorfe Kottingbrunn und kamen durch Graf Fries sein Gut Bößlau. Eine Götterfahrt! in einem weiten Thale, den Schneeberg mit seinen Brüdern immer zur Rechten, links ein weites Thal, mit entfernten Bergen, das ganze Spiel der heiteren, nicht brennenden Sonne, kurz, ein so positiv schönes, wohlthuendes Wetter, wie es nur vor einem Regentag ist; wir sahen in Kottingbrunn die Baronin Bartenstein nicht, aber ihre Kinder im herrlichen Garten, der ringsum weit sehen kann, mit seinem guten Schatten, schönen Bäumen, vielen Rosen, Feigen, Blumen und seinem Schlosse, frei und sicher daliegt; vorher ein rechter Edelhof mit Schafen die Menge, Pächtersleuten und Zugbrücke; zum vertraulichsten Nachbar der Schneeberg, im breiten Thal in gehöriger Entfernung: schöne Sitze, und heimathlicher Aufenthalt. Die Fahrt zurück war auch gut; Baden groß genug, mit Gebäuden, Kaffeehäusern, Fiakern u. dergl. gut versehen. Die Spaziergänger fleißig. Der Abend wie gewünscht; der Mond sah hinein, und tröstete und erhellte auch noch! Den Abend tranken wir Kaffee, und Madame de Prie war da, rechte gute Unterhaltung, wir speisten auch noch munter; und nach Tisch ging ich mit Frau von Münk im Park; solchen

goldigen, Gesundheit ausströmenden Mondabend schenkt das Jahr nur selten!! Himmel, Gänge, Häuser, Laub, alles war so zufrieden, daß es wieder wohlthat, und glänzende, helle Ruhe spendete; ohne Geräusch und Tageshitze.«

Es keimt eine Sehnsucht auf nach dieser Gemächlichkeit in schöner Umgebung, obwohl der Verdacht nicht von der Hand zu weisen ist, daß da selbst mir die göttliche Langeweile ein bißchen zu viel werden könnte. In dieser Stunde haben wir uns nur mit freiwilligen Reisen befaßt, mit dem, was Menschen veranlaßt, den eigenen Ort für eine gewisse Zeit gegen einen anderen einzutauschen. Wieviel von sich man dort läßt – und wieviel von dort man mitnimmt. Überflüssig, zu sagen, daß die einwöchigen Pauschalfernreisen meiner Meinung nach in dieser Richtung nicht viel erlauben. Ich weiß das aus Erfahrung – bis, wie man so schön sagt, die Seele hinterdreingekommen ist, muß man wieder zurück, und denken Sie nur die Verwirrung, wenn die Seele dann allein auf Fuerteventura steht und ihr Gehäuse – wir – ohne sie wieder daheim. Einen wunderbaren Tagebuchschreiber, der mit seinen Reisen und seinem Mißtrauen gegen Mitmenschen Tausende von Seiten gefüllt hat, Paul Léautaud, will ich Ihnen nicht vorenthalten. Auch bei ihm ist das Tagebuch gleichsam Material für Verwertung – in Zeitungsartikeln, Briefen, Essais. Aber das wohnt der Reisetagebuchschreiberei, wir hatten viele Beispiele dafür, inne. Léautaud – dieser Text stammt aus der Zeit des Ersten Weltkriegs – brachte es mühelos fertig, in Gesellschaft seiner etwa acht Katzen und vier Hunde samt einem Affen ans Meer, in die Sommerfrische zu fahren. Daß Reisen aber, wenn wir alle so ehrlich wären wie er, die Mit*menschlichkeit* nicht grade fördert, zeigt folgender kurzer Text:

93

»Und dann die Reisegesellschaft. Gott, laß mich allein sein! Überall allein sein: im Büro, zu Hause, auf der Straße, im Theater, und vor allem in der dritten Klasse der Eisenbahn! Was diesen Punkt betrifft, so kann man davon nur träumen. Diesmal hatten wir als Reisegenossin eine prächtige Großmutter, die ihre Enkeltochter für einen Monat ans Meer brachte. Die Kleine hieß Ninette. Ich weiß nicht, wie oft jene treffliche Alte zu ihr sagte: ›Unsre kleine Ninette spielt morgen am Strand!‹ Es läßt sich ungefähr ausrechnen. Ninette war gute drei Stunden wach, bevor sie einschlief. Und drei Stunden vor der Ankunft ist sie wieder aufgewacht. Ist also sechs Stunden wach gewesen. In diesen sechs Stunden hat die Großmutter ihr jenen Satz vorgesagt. Alle Viertelstunde ein Mal, das heißt vier Mal pro Stunde, macht vierundzwanzig Mal, und das ist sicher vorsichtig geschätzt. Vierundzwanzig Mal anhören zu müssen, wie eine Großmutter zu ihrer Enkeltochter sagt: ›Unsre kleine Ninette spielt morgen am Strand‹! Da muß man schon eine Engelsgeduld haben, um sich nicht aus dem Zug zu stürzen oder die Großmutter samt ihrem Enkelkind aus demselben hinauszuwerfen, was natürlich vorzuziehen wäre. Ich zitterte davor, daß diese beiden Geschöpfe womöglich mit mir bis nach P... fahren könnten. Im Geiste sah ich mich schon jeden Tag der Großmutter und ihrer Enkeltochter begegnen, hörte sie denselben, nur ein wenig abgewandelten Satz sagen: ›Unsre kleine Ninette spielt jetzt gleich am Strand.‹ So ein Leben hätte ich nicht ausgehalten.«

Reisen konnten schon immer auch unfreiwillig sein, davon wird in der nächsten Stunde ein bißchen was vorkommen.

Vorher aber noch ein Reisetagebuch, das zeigt, wie sehr

diese Art Aufzeichnungen als Stützen dienen, besser als Photos Ort und Zeit zusammen aufheben. Vielleicht besteht eine Stadt einst nur noch aus Aufzeichnungen, weil sie immer schneller nicht zum Wiedererkennen ist.

Max Frisch hat sich freiwillig angeschaut, was übriggeblieben war nach der Zeit von Vertreibung und Mord:

»Frankfurt, Mai 1946

Wenn man in Frankfurt steht, zumal in der alten Innenstadt, und wenn man an München zurückdenkt: München kann man sich vorstellen, Frankfurt nicht mehr. Eine Tafel zeigt, wo das Goethehaus stand. Daß man nicht mehr auf dem alten Straßenboden geht, entscheidet den Eindruck: die Ruinen stehen nicht, sondern versinken in ihrem eigenen Schutt, und oft erinnert es mich an die heimatlichen Berge, schmale Ziegenwege führen über die Hügel von Geröll, und was noch steht, sind die bizarren Türme eines verwitterten Grates; einmal eine Abortröhre, die in den blauen Himmel ragt, drei Anschlüsse zeigen, wo die Stockwerke waren. So stapft man umher, die Hände in den Hosentaschen, weiß eigentlich nicht, wohin man schauen soll. Es ist alles, wie man es von Bildern kennt; aber es ist, und manchmal ist man erstaunt, daß es ein weiteres Erwachen nicht gibt; es bleibt dabei: das Gras, das in den Häusern wächst, der Löwenzahn in den Kirchen, und plötzlich kann man sich vorstellen, wie es weiterwächst, wie sich ein Urwald über unsere Städte zieht, langsam, unaufhaltsam, ein menschenloses Gedeihen, ein Schweigen aus Disteln und Moos, eine geschichtslose Erde, dazu das Zwitschern der Vögel, Frühling, Sommer und Herbst, Atem der Jahre, die niemand mehr zählt –

In einer Anlage, als ich erwache und die Augen aufmache:

die spielenden Kinder, die mich geweckt haben, ihre Kleidchen, ihre sehr dünnen Gesichter und der Gedanke daran, daß sie noch nie eine ganze Stadt erblickt haben, dann der Gedanke, daß sie nichts dafür können: weniger als irgendeiner von uns. Zuzeiten ist es das einzige, was außer Zweifel steht; Zuversicht und Auftrag. Über die dringende Hilfe hinaus, die sie vor dem Hunger retten muß so wie alle andern Kinder, geht es vor allem darum, daß sie keine Verdammten sind, keine Verfemten, gleichviel, wer ihre Väter und ihre Mütter sein mögen; wir schulden ihnen mehr als Erbarmen: wir dürfen sie nicht einen Augenblick lang anzweifeln, oder es wird unsere Schuld, wenn sich alles wiederholt.

Am Bahnhof:
Flüchtlinge liegen auf allen Treppen, und man hat den Eindruck, sie würden nicht aufschauen, wenn mitten auf dem Platze ein Wunder geschähe; so sicher wissen sie, daß keines geschieht. Man könnte ihnen sagen, hinter dem Kaukasus gebe es ein Land, das sie aufnehmen werde, und sie sammelten ihre Schachteln, ohne daß sie daran glaubten. Ihr Leben ist scheinbar, ein Warten ohne Erwartung, sie hangen nicht mehr daran; nur das Leben hangt noch an ihnen, gespensterhaft, ein unsichtbares Tier, das hungert und sie durch zerschossene Bahnhöfe schleppt, Tage und Nächte, Sonne und Regen; es atmet aus schlafenden Kindern, die auf dem Schutte liegen, ihren Kopf zwischen den knöchernen Armen, zusammengebückt wie die Frucht im Mutterleib, so, als wollten sie dahin zurück.

Zur Schriftstellerei

Im Grunde ist alles, was wir in diesen Tagen aufschreiben, nichts als eine verzweifelte Notwehr, die immerfort auf Kosten der Wahrhaftigkeit geht, unweigerlich; denn wer im letzten Grunde wahrhaftig bliebe, käme nicht mehr zurück, wenn er das Chaos betritt – oder es mußte er verwandelt haben.

Dazwischen gibt es nur das Unwahrhaftige.«

Dunkle Seiten

Meine sehr verehrten Damen und Herren –

im letzten Filmporträt, das von August Everding gemacht wurde, ließ er – schon sehr zerbrechlich und von der schweren Krankheit sichtlich erschöpft – mehr Blicke auf sein häusliches Leben zu, als er es sonst zu tun pflegte. Wie viele sehr nach außen gewendete, leidenschaftliche und sich ganz ins Leben und die Kunst hineinwerfende Menschen hatte er für sich einen stillen und uneingesehenen Bereich verteidigt – sein Haus am Chiemsee. In diesem Film – der zum Nachruf werden sollte, vielleicht hat er das ja gewußt – durfte man die ruhige Idylle mit Seerosen, Gartenbänkchen und singenden Enkelkindern anschauen, und dazu den sogenannten Theaterzauberer, der alles Irrwischige abgetan hatte und über die Verpflichtung sprach, in das zugemessene Leben so viel wie möglich zu geben. Dann sah man ihn schreiben, in eines jener Hefte, von denen hier nun schon die vierte Stunde die Rede ist, und ich denke, Sie werden mir recht geben, wenn ich die Zeit für das Thema knapp nenne. Natürlich hoffe ich, daß die Entdeckung der Tagebücher für keinen hier mit der fünften Stunde beendet sein wird!

Everding sagte über sein Tagebuch, es sei ihm unentbehrlich geworden, täglicher Rechenschaftsbericht, Selbsterforschung... Er blieb sorgsam allgemein. Vom Autor des Porträts war später zu hören, das Tagebuch werde niemals veröffentlicht – so habe Everding, dieser die Öffentlichkeit doch umwerbende, liebende, verführende Mann, verfügt. Wieder hatte ich, als ich das hörte, den feinen Stich des Bedauerns, diese Neugiernadel gespürt, die ja nicht besonders edel ist - man kann sich das schönreden mit historischem Interesse, Sehnsucht nach theatergeschichtlichen Erkenntnissen und Ähnlichem – in Wahrheit ist diese Neugier natürlich nichts spezifisch anderes als die Begierde der Menschen nach Intimem aus den Adelshäusern.

Kein bißchen moralischer, wenn man mit angemessen feierlichem Gesichtsausdruck das zuverlässig verschlossene Tagebuch eines Großen beklagt! Ich will aber – schon aus prodomo-Gründen – einen wesentlichen Unterschied doch anmerken: Es bringt einen weisheitsmäßig nicht allzu viel weiter, wenn man weiß, daß ein Prinz mit dem Regenschirm Photographen haut oder daß zwei Serienheldinnen auf dem Filmball das gleiche Kleid anhatten, aber, oh Graus, in verschiedenen Größen. Das ist zwar lustig, aber nicht wirklich nahrhaft. Tagebücher von Kafka oder Camus, Marie Bashkirtseff oder Isabelle Eberhardt, Amiel oder Léautaud dagegen – die sind nahrhaft! All diese Autoren haben ihre Gedanken, ihre Trauer oder ihr Glück nicht uns anvertraut, sondern sich selber. Gesegnet sei Peter Rühmkorf, der erkannt hat, sein *Tabu* sei für ihn allein viel zu schade. Und so ist es wirklich nicht niederer Beweggrund, der mich August Everding nachrufen läßt: Ich hätte gern gelesen, was Sie über das Lebenstheater denken!

Wir wollen heute über *dunkle Seiten* ein bißchen nachdenken, das ist doppeldeutig, wie so vieles bei unserem Thema. Es wird nicht nur um die dunklen Seiten des Lebens oder des

Todes gehen, nicht um die der eigenen Seele, sondern um mehr: Um das Tagebuch als Zuflucht, als letzten oder einzigen Vertrauten, als Gefäß für Angst, Wut oder Niederlage. Da wird die Lektüre schwerer: Das riesengroße und unter Bedeutung fast zusammenbrechende Beispiel des berühmtesten Tagebuchs aller Zeiten zeigt das. Die vielen Millionen Leser, die das Tagebuch von Anne Frank gelesen haben, kannten alle ihr Ende. Es ist schrecklich, wenn man jemanden so lebendig kennenlernt und weiß, was geschehen wird. Anne, die ihr Tagebuch *Kitty* anredet – anredet ist eigentlich falsch, weil sie keine Person imaginiert, aber auch kein Abstraktes will – schreibt begeistert über die Nachrichten vom Attentat des 20. Juli 44. Sie bemüht sich, die Tatsache, daß es der *Vorsehung* gefallen hat, den Führer zu verschonen, mit Sarkasmus zu bewältigen. Das ist nicht so einfach, und sie verbietet sich voreilige Hoffnungen.

»Freitag, 21. Juli 1944
Hitler ist ferner noch so freundlich gewesen, seinem treuen und anhänglichen Volk mitzuteilen, daß alle Militärs von heute an der Gestapo zu gehorchen haben und daß jeder Soldat, der weiß, daß sein Kommandant an diesem feigen und gemeinen Attentat teilgenommen hat, ihn abknallen darf.

Eine schöne Geschichte wird das werden. Der kleine Michel hat schmerzende Füße vom langen Laufen, sein Herr, der Offizier, staucht ihn zusammen. Der kleine Michel nimmt sein Gewehr, ruft: »Du wolltest den Führer ermorden, da ist dein Lohn!« Ein Knall, und der hochmütige Chef, der es wagte, Michel Standpauken zu halten, ist ins ewige Leben (oder ist es der ewige Tod?) eingegangen. Zuletzt wird es so sein, daß die Herren Offiziere sich die Hosen vollmachen vor

Angst, wenn sie einen Soldaten treffen oder irgendwo die Führung übernehmen sollen, weil die Soldaten mehr zu sagen und zu tun haben als sie selbst.

Verstehst Du's ein bißchen, oder bin ich wieder vom Hundertsten ins Tausendste gekommen? Ich kann's nicht ändern. Ich bin viel zu fröhlich, um logisch zu sein bei der Aussicht, daß ich im Oktober wohl wieder auf der Schulbank sitzen kann! O lala, habe ich nicht gerade noch gesagt, daß ich nicht voreilig sein will? Vergib mir, ich habe nicht umsonst den Ruf, daß ich ein Bündelchen Widerspruch bin!

Dienstag, 1. August 1944

Wie schon gesagt, ich fühle alles anders, als ich es ausspreche. Dadurch habe ich den Ruf eines Mädchens bekommen, das Jungen nachläuft, flirtet, alles besser weiß und Unterhaltungsromane liest. Die fröhliche Anne lacht darüber, gibt eine freche Antwort, zieht gleichgültig die Schultern hoch, tut, als ob es ihr nichts ausmacht. Aber genau umgekehrt reagiert die stille Anne. Wenn ich ganz ehrlich bin, muß ich Dir bekennen, daß es mich trifft, daß ich mir unsagbar viel Mühe gebe, anders zu werden, aber daß ich immer wieder gegen stärkere Mächte kämpfe.

Es schluchzt in mir: Siehst du, das ist aus dir geworden: schlechte Meinungen, spöttische und verstörte Gesichter, Menschen, die dich unsympathisch finden, und das alles, weil du nicht auf den Rat deiner guten Hälfte hörst. Ach, ich würde gern darauf hören, aber es geht nicht. Wenn ich still oder ernst bin, denken alle, daß das eine neue Komödie ist, und dann muß ich mich mit einem Witz retten. Ganz zu schweigen von meiner eigenen Familie, die bestimmt glaubt, daß ich krank bin, mir Kopfwehpillen und Beruhigungsta-

bletten zu schlucken gibt, mir an Hals und Stirn fühlt, ob ich Fieber habe, mich nach meinem Stuhlgang fragt und meine schlechte Laune kritisiert. Das halte ich nicht aus, wenn so auf mich aufgepaßt wird, dann werde ich erst schnippisch, dann traurig, und schließlich drehe ich mein Herz wieder um, drehe das Schlechte nach außen, das Gute nach innen und suche dauernd nach einem Mittel, um so zu werden, wie ich gern sein würde und wie ich sein könnte, wenn ... wenn keine anderen Menschen auf der Welt leben würden.
Deine Anne M. Frank«

Am 4. werden sie verhaftet.

Die letzte Tagebucheintragung eines Menschen hat immer etwas Magisches, Respekteinflößendes – wenn dieses Ende wirklich das diesem Menschen vom Schicksal zugedachte war. Ich glaube, viele Menschen haben sich nach der Lektüre der Anne-Frank-Tagebücher zum erstenmal die Frage gestellt, was es bedeutet, wenn Menschen von Denunzianten und Mördergesindel nicht nur ihr eigenes Leben weggerissen wird, sondern auch ihr eigener Tod. Wir werden in dieser Stunde vielen Stimmen begegnen, und *Dunkel* bedeutet keineswegs nur Tod, sondern Vertreibung, Angst, Einsamkeit und manches, dem man vielleicht nur beim Schreiben an sich selbst Ausdruck gibt.

Anne Franks Tagebücher haben so viel auf sich nehmen müssen, und es ist auch ihnen zu verdanken, daß sich heute und in hundert Jahren keiner für zu jung, zu unbeteiligt, kurz: für *nicht zuständig* erklären kann. Der Versteck-Alltag dieses jungen Mädchens schreibt die Zuständigkeit fest – nicht nur für uns, das wäre zu kurz gegriffen. Nach und nach, in den Jahrzehnten nach den Nazis in Deutschland, sind in allen Ländern Fragen aufgetaucht und die bittere Erkenntnis, daß es *Unzuständigkeit* nicht gibt, wenn das geschieht, dem auch die Tagebuchschreiberin Anne Frank zum Opfer gefallen ist. Lange Zeit schien es, als sei sie die einzige gewesen, die für sich diese Zeit aufgeschrieben hat, ganz für sich, und grade dadurch unverstellt für andere. (Kürzlich habe ich in der Frankfurter Rundschau folgende Notiz gefunden:

»*Die fristlose Entlassung* eines Radio-Bremen-Moderators, der das Nazi-Opfer Anne Frank beschimpft hatte, ist mittlerweile rechtskräftig: Nach Informationen der *FR* hat der feste freie Mitarbeiter seine Klage gegen den Rauswurf zurückgezogen. Als Moderator der ›ARD-Popnacht‹ aus Bremen hatte er einer jungen Anruferin, die sich gerade für die Schule mit dem Schicksal des jüdischen Mädchens befaßte, gesagt: ›Ich hasse Anne Frank.‹ Ihre Aufzeichnungen nannte er ›Scheißtagebücher‹. Nach einer Hörerbeschwerde beendete Radio Bremen sofort seine Mitarbeit. Bei einer Güteverhandlung vor dem Arbeitsgericht fand der Anwalt des Moderators bei den Richtern kein Verständnis für seine Argumentation, daß es sich um einen einmaligen ›Ausrutscher‹ gehandelt habe. Vor der endgültigen Entscheidung des Gerichts zog der Moderator seine Klage nun zurück.

Der Rundfunkrat von Radio Bremen hatte die Äußerungen als ›empörende und unentschuldbare journalistische Fehlleistung‹ gerügt.«

Ich habe lang drüber nachgedacht, ob es Sinn hat, einen rauszuschmeißen, der sich gegen die Kraft des Authentischen so ruppig wehrt – in einer feinen Form, notabene, ist das ja seit kurzer Zeit gesellschaftsfähig und wird mit Würden und Ehren honoriert. Ich habe mich auch gefragt, warum einer sowas sagt und ob er das Tagebuch überhaupt kennt. Es ist nicht zu bestreiten, daß grade dieses Tagebuch unter einer dicken Schicht Gedenkkitsch und Alibibeschwörungen fast zu verschwinden drohte, man hat diesen noch hautlosen jugendlichen Aufzeichnungen die Verdrängung und das Schuld-Bewußtsein mindestens zweier, wenn nicht noch weiterer Generationen aufgehalst – das hat es nicht verdient.

Es ist immer schwierig, wenn eine Stimme für die zum Verstummen gebrachten sprechen soll, aber im Fall der Anne Frank war es so, als müßte man nach anderen gar nicht mehr suchen und auf andere nicht mehr hören. Wir wissen, daß noch immer welche hörbar werden, und Tagebücher – von damals, bedrohte, verheimlichte, verschlüsselte – haben ihren Anteil daran, daß vernehmbar bleibt für alle Zeit, was damals war. Auch wenn die Autorinnen und Autoren dieser Tagebücher sogar selbst gern vergessen hätten, was sie damals aufgeschrieben haben! Natürlich ist dieser Bremer Moderator ein ziemlicher Idiot, und wieder ein Beweis für die Patsche, in die sich jemand bringt, wenn er glaubt, man müsse nur gegen etwas allgemein Anerkanntes und Sakrosanktes sein, und schon fände einen die ganze Welt richtig cool. Finden aber, so ist zu fürchten, manche das nicht wirklich?

In einer Frankfurter Schule war vor nicht allzulanger Zeit ein Frankfurter Jude zu Gast, der das KZ überlebt hat und heute in den Staaten wohnt. Wie manche der Überlebenden war er bereit, grade den unschuldigen Kindlein der Oberstufe zu erzählen, was er erlebt hatte. Sein erinnertes Tagebuch, das Authentische eben. Zwei junge Herren standen höflicherweise auf – ich kenne die Schule, und die Elternschaft legt da Wert auf einen geringen Ausländeranteil und gute Manieren – sie standen also auf und sagten, verzeihen Sie, aber davon ist kein Wort wahr, von dem, was Sie erzählen! Ich weiß das von meinem Vater.

Ja, was sagt man da? Die anwesende – offenbar nur körperlich anwesende – Geschichtslehrerin, so hat es mir der Gast aus Amerika erzählt, habe nur auf ihre Schuhe geschaut und nichts gesagt. Und die jungen Herren hätten sich, stolz auf ihre unabhängige Haltung, wieder gesetzt. Auf einem der *Desastres* von Francisco Goya – aus dem Zyklus über die Schrecken des Krieges – steht der Satz »Yo ho vido – ich habe es gesehen«. Der könnte über all den Tagebüchern stehen, den bekannten und den unbekannten, den zur Ikone verfremdeten und den in Familien weitergegeben – »Ich habe es gesehen«. Natürlich hat jedes seinen Ausschnitt des Schreckens gesehen, oder auch gar keinen Schrecken, sondern Blütenbäume und Mädels beim Baden – die Tagebücher sind die Flicken, aus denen man sich ein Zeitbild zusammennähen kann. Aber wie die kleine Schulgeschichte beweist, sind manche – und es werden immer mehr – von Authentizität nicht mehr zu beeindrucken. Manipulation ist so alltäglich geworden, daß man sie überall vermuten zu dürfen glaubt. Und sich einfach aus der Wahrnehmung abmelden kann, wenn einen etwas belastet oder belästigt. In Werner Fulds neuem und sehr spannendem *Lexikon der Fälschungen* bleiben auch Tagebücher nicht unerwähnt – es sind aber, nimmt man die Fülle der vorhandenen und die lange Zeit, über die berichtet wird, nur wenige Beispiele, darunter jener fiktive Ludwig II., und natürlich der Fall des falschen Jack-the-Ripper-Tagebuchs. Da war man aber in der Presse aus einem krachenden Schaden ein bißchen klüger geworden. Diesen Schaden beschreibt Werner Fuld wie folgt:

»Die *Sunday Times* war diesmal etwas vorsichtiger gewesen als bei dem Debakel mit den angeblichen Hitler-Tagebüchern: Ihr Experte Hugh Trevor-Roper hatte sie am 8. April 1983 etwas übereilt für echt erklärt; ihr Eigentümer Rupert Murdoch bot daraufhin dem *Stern* drei Millionen Dollar für die Amerika- und Commonwealth-Rechte, die schon drei Wochen später nichts mehr wert waren. Den Bertelsmann-Konzern und sein Verlagshaus Gruner + Jahr kosteten die angeblichen Hitler-Tagebücher 23 Millionen Mark, von denen der Fälscher Konrad Kujau vermutlich 5 Millionen erhielt, die zum Großteil unauffindbar blieben. Es war der spektakulärste Fälschungsskandal, den Deutschland je erlebt hatte. Die Aufklärung zeigte jedoch, daß er nur durch den größtmöglichen Einsatz von Leichtsinn und Dilettantismus aller Beteiligten ermöglicht worden war. Der *Stern*-Reporter Gert Heidemann war ein bekannter NS-Reliquienjäger, dem man alles verkaufen konnte. Konrad Kujau war ein cleverer Hersteller solcher Reliquien, der seine Sammler-Kundschaft mit allem versorgte, was gerade gefragt war. Kujaus Tagebuch-Fälschungen blieben im Rahmen seiner begrenzten Möglichkeiten: Sie enthielten zahlreiche historische Fehler, wie Bezugnahmen Hitlers auf noch nicht beschlossene Gesetze der Erwähnungen von Ereignissen, die noch nicht stattgefunden hatten. Die Hauptquelle Kujaus waren *Hitlers Reden und Verlautbarungen* in der Ausgabe von Max Domarus, dessen jedem Hitler-Forscher bekannte Fehler sich sämtlich in den *Tagebüchern* wiederfanden. Kujaus eigentliche Leistung war die Schreibarbeit, denn in nur 26 Monaten stellte er 58 Tagebuchbände her. Heidemanns Leistung hingegen bestand in dem unbedingten Willen, an die Echtheit dieser Schriftstücke zu glauben, und in der Kunst, davon auch seine Vorgesetzten beim *Stern* zu überzeugen. In einem Brief an seinen Vorstandsvorsitzenden hatte Heidemann am 17. März 1983 noch folgende Manuskripte angekündigt: Adolf Hitlers handgeschriebene Memoiren *Mein Leben und mein Kampf für Deutschland*, Hitlers Buch über die deutsche Frau, in dem er auch seine Erlebnisse mit Frauen schildern sollte, seinen Plan der Endlösung der Judenfrage mit genauen Befehlen an Himmler, was mit den Juden geschehen soll (18 handgeschriebene Seiten), Hitlers Buch über Friedrich den Großen, sein Buch über König Ludwig II. von Bayern, seine Oper *Wieland der Schmied*, seine Testamente ... Nicht zu vergessen: über dreihundert von Hitler gemalte Aquarelle und Ölbilder – vermutlich jene, die von der Polizei halb fertig und noch feucht einen Monat später in Kujaus Privat- und Geschäftsräumen sichergestellt wurden. Daß trotz jenes Angebotes keine Zweifel an der Echtheit des Materials aufkamen, ist allenfalls auf eine kollektive Hysterie zurückzuführen. Eine Materialprüfung beendete den Spuk – zu spät. Die Blamage des *Stern* war groß und der Schaden erheblich. Aus der Wochen und Monate dauernden Affäre ging nur einer als Gewinner hervor: Der Fälscher Kujau, der mit seiner Geschichte durch sämtliche Talk-Shows tingelte und auch nach der Verbüßung seiner Haftstrafe bequem von dem Image leben konnte, einen Mediengiganten an der Nase herumgeführt zu haben.«

Tausende von Fragen sind damals gestellt worden, und Dutzende von hochdotierten Wissenschaftlern und Gutachtern merkten nicht, daß sie samt und sonders sachte wie von Loriot erfunden wirkten. Eine furchtbar simple Frage, die mir am Tag des mit gewaltigem Trara angekündigten Erscheinens des *Stern* als erste einfiel, kam erst Jahre später in Dietls Film *Schtonk!* aufs Tapet: Warum, fragte ich mich nämlich, haben die da auf dem Original-Tagebuchumschlag des Adolf Hitler ein F.H. gefunden? Und auf dem Titelblatt des Magazins abgedruckt? Das ging aber unter in einer Woge der Aufregungen, längst war klar, man hatte sich das Ding *glühend gewünscht*, es gab in unserem Volk nicht nur einen Heidemann. Denn gefälscht wird doch nur, was anderen kostbar erscheint.

Kann sich denn ernsthaft jemand jenen Hitler gewünscht haben, den der Reporter Heidemann dem Fälscher Kujau gradezu in die Tagebuchfeder diktiert hat – ein Geschichtsautor, Königsliebhaber und Opernkomponisten? Und der Wahn hatte für eine Zeit, die einem in der Rückschau ziemlich lang vorkommt, alle ergriffen – als würden diese Tagebücher (gesetzt selbst den Fall, sie wären echt gewesen, obwohl ich zum Beispiel das nie geglaubt habe, dafür gibt es Zeugen!!) irgend etwas erklärt, erhellt, begreifbar gemacht haben. Dennoch konnte man damals, und vielleicht nicht nur damals, das unheimliche Gefühl nicht loswerden, es seien nicht wenige, denen es lieber wäre, die Anne-Frank-Tagebücher würden sich als Fälschung und die Hitler-Tagebücher als echt erweisen.

Dunkle Seiten heißt das Thema der heutigen Stunde, und natürlich muß ich da noch in jener Zeit Aufenthalt nehmen, es gibt gewiß Gelände auf dem Tagebuchkontinent, in denen ich lieber umherwandere. Aber es geht nicht anders, und wir würden einen ganz wesentlichen Verdienst des Tagebuchs außer acht lassen, wenn wir nicht wenigstens ein paar Beispiele dafür gäben, wie sehr es als letzte Zuflucht, als Klärung, als Klinik für das geschundene Selbstbewußtsein, als Dialogspiegel, als Aufbegehren, als Gefäß der Menschenwürde – und gewiß nicht zuletzt als Zeugnis gedient hat. »Yo ho vido, ich habe es gesehen …«

Vielleicht wird sich nur daraus eines Tages ein wirklich genaues Bild dieser Zeit zusammensetzen lassen, und daß dieses Unternehmen titanisch zu werden droht, wie man an den vier Bänden des Kempowski-Konvoluts *Echolot* sehen kann, sollte nicht entmutigen. Tagebücher haben nämlich nicht das Hauptanliegen, das sich sonst in historischen Abhandlungen findet, die Leser von der Komplexität und Klugheit – und natürlich der einzig richtigen Sichtweise – des betreffenden Autors unbedingt überzeugen zu wollen. Tagebücher sind zögerlich, oft skeptisch, niemals vom Ende her und allwissend geschrieben – deshalb berühren sie uns anders als jene Werke, die auf Bestsellerlisten zu finden sind und die oft im Leser eine knöcherne, unlebendige Art des Bescheidwissens hinterlassen.

»New York, 11. August 1941
Jedes ehrliche, genaue Zeugnis zählt und hat Gewicht. Warum sollte meines wertlos sein?

Jedes Menschenleben ist zugleich einzigartig und repräsentativ; in jedem persönlichen Schicksal, jedem individuellen Drama spiegelt und variiert sich das Drama einer Generation, einer Klasse, eines Volkes und einer Zeit.

Was für eine Geschichte ist es denn, die ich zu erzählen habe? Die Geschichte eines Intellektuellen zwischen zwei Weltkriegen, eines Mannes also, der die entscheidenden Lebensjahre in einem sozialen und geistigen Vakuum verbringen mußte; innig – aber erfolglos – darum bemüht, den Anschluß an irgendeine Gemeinschaft zu finden, sich irgendeiner Ordnung einzufügen; immer schweifend, immer ruhelos, beunruhigt, umgetrieben, immer auf der Suche ...;

die Geschichte eines Deutschen, der zum Europäer, eines Europäers, der zum Weltbürger werden wollte;

die Geschichte eines Individualisten, dem vor der Anarchie fast ebensosehr graut wie vor der Standardisierung, der ›Gleichschaltung‹, der ›Vermassung‹;

die Geschichte eines Schriftstellers, dessen primäre Interessen in der ästhetisch-religiös-erotischen Sphäre liegen, der aber unter dem Druck der Verhältnisse zu einer politisch verantwortungsbewußten, sogar kämpferischen Position gelangt ...

Meine Geschichte – möglichst ehrlich, möglichst genau ist sie aufzuschreiben, mit all ihren zeitbedingten, zeitcharakteristischen Zügen, mit ihrer besonderen und aparten Problematik. (Der Schatten des väterlichen Ruhms auf meinem Weg ..., ja, das gehört auch hinein.) [...]

Am gleichen Tag, später. Aufrichtig sein! Nicht mehr lügen! Den Mut zu sich selber haben! Warum sollte ich mich bemühen, irgend jemandem zu schmeicheln oder Eindruck zu machen? Ich bin allein. Ich bin frei. Ich besitze nichts; ich will keinen Besitz. Warum sollte ich diplomatisch sein? Auf wen sollte ich Rücksicht nehmen? Ich kümmere mich nicht um den Stand der Börse, nicht um die Sexual-Tabus bourgeoiser oder marxistischer Zeloten, nicht um die Phrasen irgendeines Nationalismus. Der Nationalismus, jeder Nationalismus gilt mir als die gefährlichste und dümmste Verirrung des modernen Menschen. Ich habe mich von meiner Nation getrennt, weil mir ihre aggressive Prahlerei zum Ekel wurde. Ich glaube an die unteilbare, universale Zivilisation, nach der das Jahrhundert verlangt.

Am gleichen Tag, noch später. Alleine? Frei? Ich bin's. Aber ist es ein Grund zum Frohlocken? Freiheit kann zur Verzweiflung führen.

Angst vor der Verzweiflung.«

Im Oktober desselben Jahres, 1942, schreibt Klaus Mann, der Autor dieser vorangegangenen Zeilen, im sicheren New York dreimal das Wort *Todeswunsch* in sein Tagebuch, hintereinander. Als wolle er denen folgen, deren Hoffnung auf ein Ende der Barbarei nicht mehr ausreichte, Stefan Zweig, Ernst Toller, Joseph Roth und so viele andere. Grade in diesen Jahren füllen sich die verschwiegenen Bücher, für viele mögen sie das einzige Ohr gewesen sein, in das die Wahrheit, das, was man als die Wahrheit empfand, geflüstert werden konnte. Wo sind sie überall geschrieben worden, diese Mitteilungen an sich selbst – und vielleicht auch an die Nachgeborenen: im Dreck und Blut an der Front, in Bombennächten, im Exil, in den fremden Paradiesen, die bitter waren, weil man hineingetrieben worden war. Ob die Idyllen Südfrankreichs, Mexicos oder des brasilianischen Dschungels Zuflucht boten – ihrer wirklich freuen hat man sich nicht können.

»2. März 1943
Wir schaffen nun die Juden endgültig aus Berlin hinaus. Sie sind am vergangenen Samstag schlagartig zusammengefaßt worden und werden nun in kürzester Frist nach dem Osten abgeschoben. Leider hat sich auch hier wieder herausgestellt, daß die besseren Kreise, insbesondere die Intellektuellen, unsere Judenpolitik nicht verstehen und sich zum Teil auf die Seite der Juden stellen. Infolgedessen ist unsere Aktion vorzeitig verraten worden, so daß uns eine ganze Menge von Ju-

den durch die Hände gewischt sind. Aber wir werden ihrer doch noch habhaft werden. Jedenfalls werde ich nicht ruhen, bis die Reichshauptstadt wenigstens gänzlich judenfrei geworden ist.«

Und später schreibt Joseph Goebbels in sein Tagebuch:

»Göring ist sich vollkommen im klaren darüber, was uns allen drohen würde, wenn wir in diesem Krieg schwach würden. Er macht sich darüber gar keine Illusionen. Vor allem in der Judenfrage sind wir ja so festgelegt, daß es für uns gar kein Entrinnen mehr gibt. Und das ist auch gut so. Eine Bewegung und ein Volk, die die Brücken hinter sich abgebrochen haben, kämpfen erfahrungsgemäß viel vorbehaltloser als die, die noch eine Rückzugsmöglichkeit besitzen.«

Wahrscheinlich haben zu keiner Zeit in der Geschichte Tagebücher so sehr die Ränder des Geschehens beschrieben und gewertet, mit einer gewaltigen Furcht vor der Geschichte selbst, vor der menschengemachten Hölle, die in all diesen Texten anwesend ist wie eine Grundfarbe. In den Höllen selber war kontinuierliches Schreiben nicht möglich, oder nur ganz vereinzelt:

Petter Moen in Gestapo-Haft in Olso, der notiert: »Endet das alles mit dem Tode, so wünschte ich, mein Tagebuch würde gerettet« – obwohl darin steht:

»Oslo, Sonntag 19. März 1944
(Im Gestapo-Gefängnis)
Auch ich möchte gerne ein tapferer Mann sein. Ich bin es nicht. Ich hätte mich von den wilden Tieren in der V.T. in

Stücke reißen lassen und schweigen, schweigen müssen. Das brachte ich nicht fertig. Angst und Schmerz brachen mich. Im Laufe einer Reihe von Verhören holten sie alle Geheimnisse aus mir heraus.

Ich schäme mich darüber dermaßen, daß ich keine Lust habe, nach dem Krieg überhaupt noch jemanden wiederzusehen. Häufig denke ich: das beste wäre ein Todesurteil. Damit gingen drei Wünsche von mir in Erfüllung: mein Hamlet-Wunsch würde erfüllt, Sühne für meine Feigheit, und ich bekäme vielleicht den Nachruf:

He was a gallant man.«

Viele dieser Zeugnisse sind Gustav René Hocke und seinem großen Buch über europäische Tagebücher zu verdanken. Aber, noch einmal: Sehr viele der *dunklen Seiten*, fast alle, sind an den Rändern aufgeschlagen und geschrieben worden.

Es ist vielen, die im Lager waren und überlebten, oft jahrzehntelang nicht möglich gewesen, darüber zu sprechen, nicht einmal mit den nächsten Angehörigen. Bei vielen löst sich die Starre erst im hohen Alter. Sie mußten ihre Tagebücher innen behalten, ungeschrieben, in dicke Schichten von *Alltag danach* verpackt. Es ist eine Art strahlendes Material in der Seele. Es durchdringt auch die Stummheit.

Woran liegt der erstaunliche Erfolg, den die Tagebücher des Viktor Klemperer jüngst hatten? Er berichtet sehr nah am Rand, aber auch mit der Goya'schen Verpflichtung in der Seele – zu sagen, aufzuschreiben, aufzubewahren: »Ich habe es gesehen! *Ich will Zeugnis ablegen bis zum letzten ...*«

»Donnerstag nachmittag, vier Uhr, den 8. Januar, ich komme vom Einkauf am Chemnitzer Platz im Kopf der 16. Am

Landgericht, wie immer, Gedränge der Einsteigenden. Kurz vor dem Bahnhof dreht sich ein junger Mann nach mir um, ganz gut geschnittenes Gesicht, kalte graue Augen, und sagt leise: ›Nächste Haltestelle aussteigen.‹ Ich, ganz mechanisch, da ich ja dort die Bahn wechsle: ›Ja.‹ Erst im Aussteigen fällt mir das Merkwürdige auf. Ich warte auf die 14. Da steht er schon neben mir: ›Wo kommen Sie her? Wo wollen Sie hin? Sie kommen mit mir.‹ Ich fragte erst gar nicht nach seinem Ausweis. Im Gehen sagt er: ›Staatspolizei. Wollen Sie meine Legitimation sehen?‹ – ›Nicht hier.‹ Dem Bahnhof gegenüber, an der Hohen-Straße-Seite, dort, wo ich zu parken pflegte, zwischen den Hotels ein großes Bureaugebäude. Das also das Haus der Gestapo, von dem Schreckensgeschichten erzählt werden. Mein Hundefänger zu einem Kameraden, der ihm entgegenkommt: ›Der latscht in der Verkehrszeit in der Elektrischen rum; ich will ihn flöhen.‹ Zu mir, übrigens ohne Schreien: ›Sie warten hier, hinter der Freitreppe.‹ Ich stand ein paar Minuten. Sehr kurzatmig. Immer mit dem Gefühl: ›Wann kommst du frei?‹ Jemand, der vorbeikam, brüllte mich an: ›Umkehren!‹ (Von diesem: Gesicht zur Wand! hatte ich schon gehört.) Nach einiger Zeit erschien mein Hundefänger wieder und winkte mir heraufzukommen. Oben ein sehr großer Bureauraum, man sieht in ein anderes Zimmer, Art Wohnzimmer mit gedecktem Tisch. Meine Brieftasche, meine Mappe werden durchgesehen. ›Was tun Sie?‹ – ›Ich schreibe ein Buch.‹ – ›Das können Sie ja doch nie veröffentlichen. – Sie kommen morgen in Arbeit. Goehle-Werk (Zeiss-Ikon). – Sind Sie herzkrank?‹ – Ich war wohl sehr bleich und sprach mühselig ohne Luft. Soweit war die Behandlung noch beinahe anständig. Indem erschien ein anderer Polizeimann, vielleicht einen Grad höher, mittelgroß, braune, höhnische

Augen. Er duzt mich: ›Nimm deinen Mist (Mappe und Hut) vom Tisch. Setz den Hut auf. Das ist doch bei euch so. Da wo du stehst, ist geheiligter Boden.‹ – ›Ich bin Protestant.‹ – ›Was bist du? Getäuft? Das ist doch bloß getarnt. Du als Professor mußt doch das Buch kennen von … von einem Levysohn, da steht das alles drin. Bist du beschnitten? Es ist nicht wahr, daß das eine hygienische Vorschrift ist.«

Und später fragt der »Vernehmende«:

»Wer wird den Krieg denn gewinnen? Wir oder Ihr?

Das ist doch der jüdische Krieg! Adolf Hitler hats gesagt« …

Manchmal denke ich, Tagebücher aus dieser Zeit seien wie Bojen, und so viel Kraft auch aufgewendet wurde, sie unter Wasser und unsichtbar zu halten – sie kommen doch eines Tages nach oben und markieren die Wahrheit.

60 Jahre hat es gedauert, bis die Geschichte der Bonner Professorenfamilie Kahle ans Licht kam, und die Tagebücher der Marie Kahle zeigen ziemlich schrecklich, daß das *Normale* damals nicht mehr galt und daß Gemeinheit, Rassismus, Feigheit und Verlogenheit bis in die sogenannten akademischen Kreise hinein üppige Blüten trieben. Kahles waren weder Juden noch politisch engagiert, eine bürgerliche Familie mit fünf Söhnen, die 1939, weil sie sich *normal* benommen, das heißt Verfolgten geholfen hatten, nach London emigrieren mußten.

Nach dem Krieg wollte man das alles gar nicht wissen, zumal die Mitläufer und Denunzianten ihre Positionen ja hatten behalten und festigen dürfen –

»17. Nov. 1938

Es war ein Donnerstag, der siebzehnte – sieben Tage nach dem Pogrom. Ich hatte unsere Milchfrau gebeten, uns die Nazi-Zeitung in den Briefkasten zu werfen, wenn ein Artikel über uns erschienen sei. Wilhelm und ich waren früh aufgestanden und fanden den ›Westdeutschen Beobachter‹ um 7 Uhr morgens. Es war noch schlimmer, als wir befürchtet hatten – ein vier Spalten langer Artikel. ›Das ist Verrat am Volke. Frau Kahle und ihr Sohn halfen der Jüdin Goldstein bei Aufräumungsarbeiten.‹ In einem Abschnitt hieß es: ›Die ehrlich und rein empfindende Bonner Bevölkerung steht sprachlos vor einer solchen Gemeinheit. Es war fast komisch. [...]

Es war mir jetzt nicht danach, den ganzen Artikel zu lesen, aber schon der erste Abschnitt bestand zum Großteil aus reinen Lügen. Die Familie kam zum Frühstück herunter. Zuerst erwähnte ich den Artikel nicht, aber bevor die beiden Jungen zur Schule aufbrachen, erzählte ich ihnen davon, und das war nur gut, denn Paul sah sich Schulkameraden gegenüber, die lachten und höhnten und ihn zwangen zuzuhören, während sie den ganzen Artikel laut vorlasen. Ernst kam weinend nach Hause und erzählte, daß Hitler-Jungen ihn geschlagen hätten, weil seine Mutter sich gegen das deutsche Blut vergangen habe.

Zu Hause fanden wir alle in größter Aufregung. Etwa zwanzig Leute hatten angerufen und gesagt, daß Schweine wie ich und mein Sohn umgebracht werden sollten, daß wir gefoltert werden würden und unser Haus zerstört werden würde. Ich schickte Wilhelm zur Orgelstunde in eine der großen katholischen Kirchen, in der er sicher sein würde.

Dann kam mein Mann nach Hause; der Rektor der Univer-

sität hatte ihn aufgefordert, die Universität zu verlassen. Es
war ihm verboten, die Universität, die Bibliothek oder das
Seminar zu betreten. Er durfte auch keine Vorlesungen mehr
halten und die Studenten nicht mehr unterrichten.«

Es wäre ohne weiteres möglich, uns für die *dunklen Seiten*
ausschließlich in den dreißiger und vierziger Jahren und in
Nazideutschland aufzuhalten, Stoff gäbe es für mehr als diese
fünf Stunden. Und in Familien, Nachlässen, bei Trödlern und
auf Flohmärkten wird es noch lange bewegende, erschrek-
kende oder befremdliche papierene Entdeckungen geben.
    Ich will dennoch das Thema weiter gehen lassen als nur bis
zur Willkür, zum menschenverantworteten Tod. Dazu war
und ist das Tagebuch viel zu oft mit zu beeindruckenden Beispielen Zeuge der Bedrohung, für die nicht Menschen Schuld
tragen, sondern einfach die Gebrechlichkeit und schließlich
die Endlichkeit des Lebens. Man kann sie nicht außer acht
lassen, die tausend zögernden Glaubens- und Unglaubenser-
probungen, die Rufe in das Schweigen hinein, die Erkenntnis – die oft revidierte –, der »Himmel sei leer« – wie bei
Sartre – und die Hoffnung, er möge es doch nicht sein.
    Mir kam es oft so vor, als seien diese Zeilen über eigene
Krankheit und eigenen Tod gleichzeitig das Intimste, das ein
Mensch niederschreiben kann, aber auch das am notwendig-
sten Öffentliche. Der Widerspruch läßt sich lösen: Grade
weil die Schreibenden so allein waren mit der Erkenntnis der
Endlichkeit, grade weil zwischen Zorn darüber – wie bei Ca-
netti – oder gelassener Heiterkeit – wie bei Sophokles – alle
nur möglichen Haltungen aufgeschrieben wurden – und werden –, ist der Trost, den andere bei der Lektüre empfinden,
groß. Auch der Einsamste kann sich plötzlich als Mitglied der

Menschenfamilie empfinden, während er liest, daß es anderen vor ihm genauso schwer gefallen ist, ihren Frieden endlich zu finden.

Das ist eine der Fragen, die sich bei der Tagebuchlektüre genauso stellt wie beim Tagebuchschreiben – was ist einem letztlich wichtiger – sich von anderen zu unterscheiden oder zu ihnen zu gehören?

Est am Abend sieht man, sagt Sophokles, wie schön der Tag war. Man könnte denken, daß bei diesem Thema, dem Sich-Stellen – der eigenen Krankheit und dem eigenen Tod –, Reich-Ranicki's Vorbehalt dagegen, die Tagebücher als Gattung bedenkenswert zu finden, am ehesten begreiflich wäre. Ihm ging es, wir erinnern uns, um die Formlosigkeit des Genres »da kann ja jeder hinschreiben, was er mag« – das Sich-Gehenlassen, dem Tagebuch scheinbar immanent, sei ihm widerwärtig.

Nichts Schlechtes wäre dran, wenn sich Menschen gehen ließen auf den Blättern, die nur ihnen gehören, wo, wenn nicht in ihnen, wann, wenn nicht beim Herannahen des Todes? Und eben das habe ich eigentlich nie gelesen. Gewiß existiert das: zerquältes, amorphes Geheul, übereinanderstürzende Wörter, die allesamt zu schwach sind, dem Leid Ausdruck zu geben, zerrissene Sätze, außer Vollzug gesetzte Grammatik: Das alles kennen wir aus der Literatur allerdings, in Romanen, Gedichten und Stücken – in Tagebüchern, die zugänglich sind, habe ich es selten gefunden, sogar bei einer so chaotischen Frau wie Maryse Holder, von der noch die Rede sein wird, kaum.

Zunächst aber die russische Dichterin Marina Zwetajewa, wir sind noch immer in den furchtbaren vierziger Jahren, im zu Tode geschundenen Europa:

Januar 1941

»Über mich selbst. Alle halten mich für tapfer und männlich. Ich kenne keinen furchtsameren Menschen als mich. Ich habe Angst vor allem: vor Augen, vor der Dunkelheit, vor Schritten und am allermeisten vor mir selbst, meinem Kopf (falls es wirklich mein Kopf ist, der mir bei meinen Notizen so treu dient und mich im wirklichen Leben mordet). Niemand sieht, niemand weiß, daß ich schon seit über einem Jahr nach einem Haken suche. Aber es gibt keine Haken; überall ist elektrischer Strom, keine ›Lüster‹ ...

Seit einem Jahr erwäge ich den Tod. Alles ist häßlich und furchteinflößend. Du schluckst – scheußlich; du springst – Feindseligkeit, das ureigentlich Abstoßende des Wassers. Ich will nichts durcheinanderbringen (nach dem Tod), ich glaube, ich habe bereits Angst vor mir nach dem Tod. Ich will nicht sterben. Ich will nicht existieren.

Unsinn. Solange man mich braucht ... aber, Gott weiß, wie klein ich bin, wie wenig ich zu tun vermag! Zu Ende leben, zu Ende kauen. Den bitteren Wermut.«

Was für ein Bild, dieses »Zu Ende kauen« des Lebens! Wenige Monate nach dieser Eintragung mag sie nicht mehr kauen, endgültig nicht mehr. Sie nimmt sich das Leben, noch nicht fünfzigjährig.

Wie bei Isabelle Eberhardt empfehle ich die weitere Entdeckung der Dichterin Zwetajewa, die ein für unser Jahrhundert exemplarisch ruheloses Leben hat »kauen« und schlukken müssen, zwischen der schwierigen und kunstsinnigen Bürgerlichkeit ihrer Kindheit, Ende des 19. Jahrhunderts, vielerlei Liebeswirren mit beiden Geschlechtern, der Emigration nach Frankreich und ihrer Entdeckung der einzig wahren, der »indirekten« Liebe, deren Objekte, Pasternak und Rilke, sie zwar selten, oder, wie Rilke, nie! – gesehen hat, die sich aber dem Ansturm ihrer mühsam sublimierten Leidenschaft kaum gewachsen zeigen. *Dunkle Seiten* – erst bei der Lektüre der vielen geretteten Lebensläufe aus dieser Zeit, aus der man bei diesem Thema kaum herausfindet, wohl wissend, wie viel anderes und andere man dadurch vernachlässigt, ist mir klar geworden, was für eine Kraft es gebraucht hätte, inmitten der Barbarei an ihr Ende glauben und darauf hoffen zu können. Das Politische ist in dieser Zeit der alles durchtönende Klang, auch bei der Zwetajewa zerreißt es das Private, zum Beispiel, wenn ihr sanfter und noch immer geliebter Mann Serjoscha, ein Mitglied der Weißen Armee, sich später als Agent des sowjetischen Geheimdienstes entpuppt.

Tagebücher als die letzte Bastion des Vertrauens, wenn alles Vertrauen geschwunden ist, man sich auf Eltern, Geschwister, Genossen, Geliebte nicht mehr verlassen zu können glaubt. Wer verrät? Wer paktiert? Wer wird schwach? Und wie vermeidet man, es zu werden?

In das Gefäß *Tagebuch* sind alle diese schrecklichen Fragen gegossen worden. Wenn man in ihnen liest, fällt einem auch oft auf, wie selbstverständlich die zivilisierten Übereinkünfte einer hinlänglich freien Gesellschaft für uns mittlerweile geworden sind.

Und daß wir Fragen nach Leben und Tod hierzulande nicht durch politische Verhältnisse gezwungen zu stellen brauchen, sondern nur durch die Endlichkeit selber – was, wie wir sehen, schwer genug ist – aber eben zum Dasein gehört.

»Ich höre nur: ›Befund erst in acht Tagen!‹

›Wir hoffen.‹

›Bestrahlung auf alle Fälle.‹

Also sterben …

Alles tut weh, wenn ich huste, denke ich gleich an Lungen-metastasen, der Bauch tut weh, furchtbare Schmerzen, also vielleicht Darmkrebs? Die Stimme ist weg, ich bin völlig heiser, hab ich den Krebs auch im Kehlkopf? Kein Mensch, der mich beruhigt: ›Nach solchen Operationen hat man eben keine Stimme, funktioniert eben der Darm noch nicht richtig, sind die Schleimhäute gereizt, müssen Sie alles erst raushusten!‹

Nichts! Bin ganz mir selber überlassen, meinem kaputten Körper und meinem Hirn, das nicht aufhört zu denken.

›Tief durchatmen‹, sagt die Schwester, ›sonst kriegen Sie Lungenentzündung!‹ Aber ich kann nicht durchatmen, es sticht im Bauch, jeder Atemzug sticht. Und ich atme durch. Ich denke an Hugo, den die Lungenentzündung erlöst hat.

Aber sterben, so plötzlich, ohne Dani *groß bekommen* zu haben? Eitelkeit genug, um zu überlegen, wer um mich trau-ern wird. Lange sowieso nicht. Bald bin ich vergessen.

Und neben mir zwei Mütter mit Kaiserschnitt, die haben's morgen überstanden und können ihr Kind begrüßen.

Seinen Tod in der Hand haben, denke ich, wenn ich aufwa-che, das müßte gut sein. Etwas finden, damit man selber Schluß machen kann!

Das Fenster ist offen, ein frischer Luftzug hüllt mich ein. Ich sehe das Zimmer, die Menschen, ich kann Menschen sehen … Wie bewußt ich auf einmal das Leben liebe. Egal wie, es ist alles kristallklar um mich herum. Nur eine Woche noch oder ein halbes Jahr, aber hinausgehen können, einmal noch da herauskommen und seinen Weg selber bestimmen können! Habe wahnsinnige Angst vor der Auflösung und den Schmerzen und daß ich Fred und die Kinder bis zur Erschöpfung belaste!

Quälende Gedanken. Man muß im Leben für alles bezahlen. Am meisten für Glück. Wer sagte das? Leonhard Frank. Und was mit mir passiert, ist der Preis – wofür? Für Übermut und Anmaßung? Oder?«

Der Schreiberin dieser Zeilen sind wir in einer früheren Stunde schon begegnet, Maxie Wander, die den Erfolg ihres Buchs *Guten Morgen, Du Schöne* Mitte der siebziger Jahre grade noch erlebt hatte und mit 44 Jahren an Krebs starb.

In seiner Vorbemerkung zu den nachgelassenen Tagebüchern und Schriften, die 1980 unter dem herzzerreißenden Titel *Leben wär eine prima Alternative* erschienen, schrieb ihr Mann Fred Wander, ihre Begabung sei es gewesen, »andere erleben zu lassen, daß sie nicht dazu verurteilt sind, lebenslänglich stumm zu bleiben«. Ich denke, das ist eine Eigenheit von Tagebüchern: auch aus welchen Gründen immer sich stumm fühlenden Lesern etwas wie eine geliehene Stimme zu geben. Ich glaube, daß so Maxie Wanders Tagebuchaufzeichnung vom Januar 72, diese Bestandsaufnahme einer fast Vierzigjährigen, verstanden wird:

»13. Jänner 1972
Meine Situation
Eine neununddreißigjährige Wienerin (bin ich die wirklich noch, bin ich nicht schon eine Deutsche geworden?), die ihre große Liebe gefunden und geheiratet hat, einen schwer vorbelasteten, sechzehn Jahre älteren, gut aussehenden, liebesfähigen, schwermütigen, feinfühlenden, zu Depressionen nei-

genden jüdischen Mann. Sie hat zwei Kinder geboren, eines wieder verloren, hat niemals einen Beruf erlernt, einige aber ausgeübt, sie hat ein Kind aus einem Heim zu sich genommen, hat ihre Heimat verlassen und sie erst danach, viel später, als Heimat begriffen. Hat das Wort Heimweh kennengelernt, das sie früher verleugnete – hat einige Male erfolglos versucht, noch ein Kind auszutragen, als Wiedergeburt der verlorenen Tochter. Sie hat mit einem Schlag das Altern begriffen, das andere Leute vielleicht als Prozeß erleben, der nichts Erschreckendes hat, sie mußte begreifen lernen, wie wenig sie sich vorbereiten konnte, allein vertrauend auf ihren hübschen, noch immer jugendlichen Körper. Was nun?

Ja, was nun?

Ich habe keine Probleme mehr, mein Leben ist in ein breites Flußbett geraten und treibt gemächlich zum Meer, ohne Hindernisse, ohne Umwege, ohne Tiefen und Strudel. Es sieht eine freundliche Landschaft an seinen Ufern vorüberziehen, nicht abwechslungsreich, aber auch nicht beunruhigend, es ändert seine Geschwindigkeit nicht, aus Trägheit und Gewöhnung, fließt geruhsam dahin, verweilt nicht, drängt nicht, kennt keine anderen Bedürfnisse als dieses beschauliche Dahingleiten, bis es eines Tages ins Meer münden wird, aufgehoben für die Ewigkeit, auf die es nicht vorbereitet ist.

Auf seinem dunklen Grund aber führt dieses Wasser die Sehnsucht nach dem verlorenen Bergquell mit sich, nach den Mühen der Gebirge, es möchte aus dem sonnigen Flußbett ins Ungewisse einer verirrten Strömung, in dunkles Gestein vorstoßen, das nirgendwohin führt oder ins Paradies. Es möchte dann in Stromschnellen mit allen Gefahren sich messen, sich in einen abseitigen Bergsee ergießen, sein Geheimnis spüren, bei den Fremden, den Schweigsamen, den Fischen bleiben, noch einmal jünger und stärker werden oder sterben im Rausch.

Wenn es wenigstens große Schiffe getragen hätte, dieses geruhsame Wasser, wenn es die Menschen erfrischt, die Paddler aufgeregt hätte, wenn es Sterbende umspült und in sanften schweren Wogen tröstend an seinen Grund gezogen hätte.

Schon wieder Großartigkeitsideen!«

Ach, es sind ja nicht Großartigkeitsideen, die sich Maxie Wander in ihrem Tagebuch halb zu verbieten scheint, sondern sie schaut halt hinter den Vorhang in diese leidige Ewigkeit, an die man genausooft denkt, wenn man leidenschaftlich *nicht* an sie glaubt.

Was bleibt, was geht, und wohin geht es? Masse ist gleich Energie – und Energie kann nicht verlorengehen? Ernst Bloch hat beneidenswerterweise mal gesagt, er war da schon neunzig, das Schöne an einem so hohen Alter sei, daß man auf den Tod richtig neugierig würde – aber sagt sowas ein ordentlicher Marxist? Ihre Seelen seien eingebunden in das Bündelein der Lebenden, heißt es auf jüdischen Gräbern. In Hunderten von Tagebüchern kommt er uns hundertmal entgegen, dieser Blick hinter den Vorhang – auf das Nichts treffend, oder das Paradies, von dem man keine rechte Vorstellung hinkriegt – Hölle geht schon leichter, da hat es hienieden ganz gute Vorbilder.

Vielleicht sind auch so viele Paradiese denkbar, als es Menschen gibt, für die einen bedeutet es satt zu essen und warm haben von Ewigkeit zu Ewigkeit, und die anderen versuchen, sich die goldenen Gassen des himmlischen Salem vorzustellen.

Wer Tagebuchschreiber ist oder -schreiberin, kann schon

beim ersten gezogenen Zahn, den ersten ernsteren Warnungen des wenig haltbaren Leibes nicht umhin, an IHN zu denken, den man dann doch nicht so schnell zu sich bittet, wie man hoch und heilig versprochen hatte, als man noch jung war und einem nichts fehlte. Wie oft fällt der Satz, wird der Gedanke gedacht: »Mir passiert das nicht!« wenn man zugesehen hatte, wie zäh und Fäserchen für Fäserchen einem anderen Menschen das Leben entwunden wurde.

Am ersten Weihnachtsfeiertag 1968 schreibt Brigitte Reimann:

»Heute ein bißchen Melancholie. Nun ja, Feiertage … Draußen Schneeregen. Verstimmt und beängstigt, weil mein Arm weh tut. Sieht aus, als wäre ein Stich von der Naht aufgeplatzt. An das andere habe ich mich gewöhnt, wenn man's so nennen will. Die Schwäche im Arm, gelegentliche Beschwerden; wieso hatte ich nicht damit gerechnet? Ein halber Mensch. Eine halbierte Frau. Das Entsetzen morgens beim Aufwachen (ich träume jede Nacht von der Zerstückelung), und abends, wenn ich mich ausziehe, dieses Gefühl von Fremdheit: ich sehe ohne Schrecken die Narbe. Das bin ich nicht, das kann nicht gerade mir zugestoßen sein […]«

Wer auch immer dafür verantwortlich ist: Jehova, Allah, das Schicksal, Gott oder niemand: Dieser enthusiastischen Lebenliebenden, die oft ganz taumelig vor lauter Begehrtseinwollen und Begehren hin- und hertanzte, war nicht viel Zeit gegeben. Die Krankheit zieht sich noch einmal zurück – aber sie kommt wieder, Brigitte Reimann stirbt knapp fünf Jahre nach diesem Eintrag, mit vierzig Jahren.

Wer spinnt die Fäden, wer schneidet sie ab? Und wird

einem diese Frage befriedigender beantwortet, wenn es jetzt statt *Die Parzen* heißen soll: *Die Gene*? Pascal will sich in seinen Penseés, die ja auch *Tagebücher* sind, »unter den Augen Gottes in der Welt sehen«. Ignatius von Loyola notiert am Ostersonntag 1544 (einem 13. April) ganz minutiös, wann er in der Messe Tränen vergossen hat. Das tut er dann täglich, bis zum 26. April, an dem er nicht weint.

Was will er sich mit den Tränen beweisen – und wenn nicht sich – wem dann? Man solle, schrieb Maxie Wander, ins dunkle Gestein sickern, ein Gewässer sein, das aber auch Schiffe habe tragen können. Die letzte Tagebucheintragung der Schriftstellerin Marlen Haushofer, deren visionäres Buch *Die Wand* erst lang nach ihrem Tod die Beachtung gefunden hat, die es verdient, stammt vom 26. Februar 1970. Marlen Haushofer war fünfzig, und sie schrieb:

»Mach Dir keine Sorgen. Du hast zuviel und zu wenig gesehen, wie alle Menschen vor Dir. Du hast zuviel geweint, vielleicht auch zu wenig, wie alle Menschen vor Dir. Vielleicht hast Du zuviel geliebt und gehaßt – aber nur wenige Jahre – zwanzig oder so. Was sind schon zwanzig Jahre? Dann war ein Teil von Dir tot, genau wie bei allen Menschen, die nicht mehr lieben oder hassen können.

Du hast viele Schmerzen ertragen, ungern – wie alle Menschen vor Dir. Dein Körper war Dir sehr bald lästig, Du hast ihn nie geliebt. Das war schlecht für Dich – oder auch gut, denn an einem ungeliebten Körper hängt die Seele nicht sehr. Und was ist die Seele? Wahrscheinlich hast Du nie eine gehabt, nur Verstand, und der war nicht bedenkend der Gefühle. Oder war da manchmal noch etwas anderes? Für Augenblicke? Beim Anblick von Glockenblumen oder Katzenaugen und des Kummers um einen Menschen, oder gewisse Steine, Bäume und Statuen; der Schwalben über der großen Stadt Rom.

Mach Dir keine Sorgen.

Auch wenn Du mit einer Seele behaftet wärest, sie wünscht sich nichts als tiefen, traumlosen Schlaf. Der ungeliebte Körper wird nicht mehr schmerzen. Blut, Fleisch, Knochen und Haut, alles wird ein Häufchen Asche sein und auch das Gehirn wird endlich aufhören zu denken. Dafür sei Gott bedankt, den es nicht gibt.

Mach Dir keine Sorgen – alles wird vergebens gewesen sein – wie bei allen Menschen vor Dir.

Eine völlig normale Geschichte.«

Von der Liebe

Meine sehr verehrten Damen und Herren –

man könnte es so sehen, daß in dieser heutigen fünften und
letzten Tagebuchstunde alle vorangegangenen Themen noch
einmal aufscheinen – nicht selten beginnt die Liebe ja mit
Zettelchen, man erinnert sich an das echte Grauen, die Angst
– ach nein, man erinnert sich ja nicht wirklich – mit der man
das Zettelchen, auf dem stand: »Willst Du mit mir gehen?«
aus den Händen gegeben hatte, damals. Auch Pracht und
Elend des Alltäglichen spiegeln sich in der Liebe, wer wüßte
es nicht, und von der Pracht zum Elend ist's leider meistens
eine Einbahnstraße. Daß die *Reisen* jenes Elend ein bißchen
aufhalten können, ist als alljährliche Hoffnung an den schon
besprochenen Zahlen der professionellen Traumverkäufer
abzulesen – und *dunkle Seiten* hat jeder schon einmal auf-
schlagen und bis zum Ende lesen müssen, den sie getroffen
hat, die Liebe.

Man muß, sagt meine indessen neunundachtzigjährige
Freundin E., in der Jugend (und sie definiert Jugend etwa bis
Mitte Siebzig) ein ordentliches Sünden- und Freudenkonto
angelegt haben, damit man nicht neidisch auf die Jüngeren
wird, sondern sagen kann, Kinder, macht nur zu, das kenn ich
alles und noch mehr! Aber diskret muß man sein! sagt sie
dann noch streng, und ihr Tagebuch wird, ich ahne es, meinen

neugierigen Blicken dauerhaft entzogen bleiben. Über die Anzahl und den Rang ihrer Liebhaber wurde in der vertratschten Mini-Großstadt, in der sie bis heute wohnt, viel gemunkelt. Aber mehr auch nicht, und *munkeln* lernt eine Dame früh zu überhören. Das in Tagebüchern aufgehobene Sünden- und Freudenkonto, die geschriebenen Küsse (von denen Kafka einmal schreibt, man solle sie nicht wegschicken, denn sie würden auf dem Weg von Gespenstern ausgetrunken) – die geschriebenen Tränen, Enttäuschung, Sehnsucht, all die Himmelhochs und Tiefbetrübts, werden ja nach Jahren zu einem einzigen Amalgam, das man (wenn die Wunden verheilt sind) unter keinen Umständen missen möchte.

Bei meinen statistisch völlig irrelevanten Erhebungen in der Szene von heute ist mir eine gewisse Reserve gegen das Ungestüme, das Verrückte aufgefallen. Ich denke natürlich, daß alle Vorsicht auf diesem Gebiet absolut nichts nützt, wenn der Pfeil erst sitzt und nachzittert – aber andererseits bauen junge Frauen und Männer heutzutage eine ganze Menge Wälle auf, damit das nicht so leicht passiert. Schade? Begrüßenswert? Eine Folge von Emanzipation und Abschaffung der Sünde? »Warum (schreibt Paul Kornfeld in seinem titelgebenden Satz) sollte der Mensch nicht sein Geheimnis haben?« Wahrscheinlich kommt die Liebe nicht ohne Geheimnisse aus, da können die Wissenschaftler noch so viele Botenstoffe, Pheromone, Atavismen aus der Steinzeit oder biologisch bedingte Zwangshandlungen verantwortlich machen. Sie ist, wie wir alle wissen, ursächlich für Streichquartette, Sonette, Eifersuchtsmorde, Wahnvorstellungen, für Schlankheitskuren, Alkoholvergiftungen, Auswanderungen und sonstige Kontrollverluste aller Art. Seltener für Romane und Opern, das sind nämlich keine Kurzschlußhandlungen. Aber Einstieg sicher oft für Tagebücher.

Männer, das ist bekannt, tun sich schwer, eine bedingungslose Kapitulation zuzugeben. Sie schleichen sich gern ins Allgemeine, Globale, Beispielhafte. Frauen hingegen – aber wir wollen überhaupt nicht verallgemeinern, denn bei keinem Phänomen des menschlichen Lebens wird man so ärgerlich, wenn man seinen Mangel an Einzigartigkeit wahrnehmen muß, wie bei der Liebe. Das hält man, wenn überhaupt, erst ganz spät im Leben oder auf einem liebesunfähigen Stand der Weisheit aus.

Es gibt niemanden, der nicht sicher ist, Experte zu sein auf dem Gebiet der Liebe – damit sind auch die gemeint, die sie nicht für eine *Himmelsmacht*, sondern für eine Erfindung, Kitsch, Nonsens oder Schwachheit halten. Man gesteht ihr eine Lebensdauer zwischen drei Wochen und ewig zu, unter das Dach des kurzen Wortes werden Fortpflanzungstrieb, Brutpflege, Erpressung und Geiselnahme ebenso gepackt wie – wir sagten es schon – alle möglichen Sorten pathologischer Geisteszustände.

In der Bibel steht, daß sie den Glauben und sogar die Hoffnung überträfe, und daß man sie seinem Nächsten so zuteil werden lassen solle wie sich selbst, hat leider eine deutliche Abschwächung des zweiten Satzteils hinnehmen müssen, was wir an dem schlechten Ruf, in dem die Eigenliebe steht, ablesen können.

Wahrscheinlich ist dieser Ruf durch die irrige Ansicht entstanden, Eigenliebe sei die Verliebtheit ins Spiegelbild. Die einschlägige Presse legt nahe, daß wir uns Eigenliebe als eine unübersehbare Reihe wohlgeformter Damen und Herren vorstellen, die ohne Seitenblicke sich selber in die Augen schauen und flüstern: »Frau Königin, Ihr seid die schönste im ganzen Land.«

Was für eine leblose Angelegenheit unter diesen Voraussetzungen die Liebesdarstellung wird, können wir an Claudia und David gut sehen.

Aber die Selbst-Liebe in der Bibel meint, wie man sich leicht vorstellen kann, etwas anderes. Auch für sie wird man beim Thema Liebe Beispiele suchen und finden müssen, sie ist vielleicht die Voraussetzung für einen glücklichen Beginn des Spiels – für ein erträgliches Ende sowieso! Auch in dieser Stunde, wie könnte es anders sein, werden wir alten Bekannten begegnen, wie zum Beispiel Samuel Pepys, der uns Selbstzweiflern Lektionen erteilen kann:

»9.9.1663
Ich nach Tisch ins Amt und dann nach Whitehall zu Sir G. Carteret, sprach ihn aber nicht, und so nach Westminster Hall, Gott verzeih mir, in der Absicht, Mrs. Lane zu treffen, aber sie war nicht da. Doch hier traf ich Ned Pickering, mit dem ich drei oder vier Stunden bis zum Abend spazierenging; er erzählte mir dabei alles über Mylords Torheiten mit dieser Mrs. Becke in Chelsea; es beschämt mich zu sehen, wie Mylord sich so offenkundig zum Tier und zum Narren macht bis zum Verzicht auf alle Ehre, Freunde, Diener und alle guten Dinge und Menschen und will nur seine private Lust mit dieser gewöhnlichen Hure ungestört genießen; wie er Nacht für Nacht allein auf ist und niemanden zu ihnen hineinkommen läßt, und am Tag auch nicht, und Pickering von sich stößt und ihm verächtlich seinen niedrigen Status vorwirft, der doch gut ist, und andere erbärmliche Manöver, um eine Zurückgezogenheit zu erlangen, die unter seiner Würde

ist. Und daß er sie ausfährt und unter ihrem Fenster Laute spielt und -zig andere niedrige Dinge, die zu hören mich betrübt; halte es aber nicht für sinnvoll, mich einzumischen, sondern lasse ihn weitermachen, bis der allmächtige Gott und sein eigenes Gewissen und der Gedanke an seine Gemahlin und Familie es tun. So nach langer Unterhaltung, die mich vollständig informierte, aber sehr bekümmerte, ich zu Wasser zurück und lange in meinem Büro, und dann zum Abendessen zu meiner armen Frau und dann zu Bett. –

24.9.1663

– Erzählte nachmittags meiner Frau, ich ginge nach Deptford, und fuhr zu Wasser nach Westminster Hall und fand dort Mrs. Lane und nahm sie mit hinüber nach Lambeth, wo wir kürzlich waren, und tat dort mit ihr alles, was ich wollte, außer der Hauptsache, in die sie nicht einwilligte, wofür Gott gepriesen sei, und doch war ich so nahe daran, daß ich einen Erguß hatte. Aber so wahr mir Gott helfe, ich werde es nie wieder tun, solange ich lebe. Nachdem ich ihrer Gesellschaft überdrüssig war, setzte ich sie in Whitehall ab, und dann zurück und in mein Büro, bis beinahe nachts um 12 Briefe geschrieben, und dann nach Hause zum Abendessen und zu Bett, und fand meine arme Frau schwer bei der Arbeit. Es betrübt mich von Herzen, daß ich so ein gutes, armes Wurm betrüge, und es ist gerecht von Gott, sie böse auf mich zu machen dafür, daß ich ihr unrecht tue: aber ich bin entschlossen, nie wieder dergleichen zu tun. Dann zu Bett.«

Also, eins weiß ich, und ich will gleich vorbeugen, denn ich kanns nicht ändern: Bei jedem unserer Tagebuchbeispiele wird jemand von Ihnen stumm (innerlich) oder auch laut schreien: »Das ist aber keine Liebe!«

Das Thema ist ein Gewirr von Fallstricken, und nicht nur das Liebesexpertentum eines jeden ist daran schuld, sondern daß alle so genau zu wissen scheinen, was Liebe *nicht* ist. Je nach Erziehung, Grad der Selbsterkenntnis, Religion, politischem Bekenntnis oder Verdrängungsfähigkeit variiert das natürlich heftig. In Bremen wird wahrscheinlich eine ganz andere Art Liebe öffentlich sanktioniert als, sagen wir, in Passau.

Tagebücher sind ehrlich, Tagebücher sind eitel, melancholisch oder tollkühn, verzweifelt, hochgemut: *Noch* so viel von der Gefühlspalette der Liebe mögen sie zeigen – moralisch sind sie selten.

Es ist ja unser Mister Pepys ein wunderbares Beispiel für einen, der sich selber durchaus mit Liebe betrachtet, über seine Fehlbarkeit aber keineswegs wegschaut, und der dem Fehler entgeht, der in den Jahrhunderten, die nach ihm kamen, zur Perfektion erhoben wurde: sich und die Öffentlichkeit mit einem zweifach lackierten moralingefärbten Bild zu betrügen.

Ich will Ihnen ersparen, einen weiteren Blick auf die Liebe des amerikanischen Präsidentenpaares zu werfen und auf jene andere zur »Praktikantin«, die vielleicht eine war, was wissen wir schon von der Wahrheit? Wir kennen ja nur die Verdikte der Öffentlichkeit, oder jenes seltsamen Kunstprodukts aus Bigotterie, Wahnvorstellungen über das menschliche Wesen, Monogamieträumen, und, wenn alles schiefgegangen und der Prediger beim Sündenfall ertappt ist, jenen letzten, seltsamen Orgasmus des tränenüberströmten öffentlichen Beknirschens.

Und war da nicht vielleicht doch einmal Liebe? Des Predigers vielleicht, der, ohne Toupet, ungeschminkt und fern aller

Kameras, einer schwarzen Prostituierten endlich seine Wünsche sagen kann?

Natürlich weiß ich, daß ein weiterer Einwand lautet, man dürfe *die Liebe* nicht mit *der Sexualität* verwechseln. Geschenkt! Das weiß jeder, aber jeder tut's trotzdem, in glücklichen Momenten. Tagebücher tun es manchmal, aber manchmal auch nur scheinbar. Ach, es ist ja grade die Liebe, die uns immer wieder zeigt, daß die ganze Trennerei, die wir mit der Aufklärung hätten lernen sollen, gar nicht so gut funktioniert, da mischen sich zwischen den beiden Polen der irdischen und der himmlischen Liebe noch ganz andere Ingredienzen ins schönste aller Gefühle:

»Auf dem Spaziergange faßte ich einige deutliche Ideen. Am Grabe war ich nachdenkend – aber meistens ungerührt. Seit einigen Tagen ängstigen mich diese Erinnerungen wieder – ich fühle mich unaussprechlich einsam in gewissen Momenten – so entsetzlichen Jammer in dem, was mir begegnet ist. Beim Grabe fiel mir ein, daß ich durch meinen Tod der Menschheit eine solche Treue bis in den Tod vorführe. Ich mache ihr gleichsam eine solche Liebe möglich.

Spät fühlt ich mich S(ophiens) wegen unrhig. Doch schlief ich bald ein. Je mehr der sinnliche Schmerz nachläßt, desto mehr wächst die geistige Trauer, desto höher steigt eine Art von ruhiger Verzweiflung. Die Welt wird immer fremder. Die Dinge um mich her immer gleichgültiger. Desto heller wird es jetzt um mich und in mir.

6. Juni 1797
Wer den Schmerz fühlt, will nicht mehr lieben. Der Liebende muß die Lücke ewig fühlen, die Wunde stets offen erhalten.

Gott erhalte mir immer diesen unbeschreiblichen lieben Schmerz, die wehmütige Erinnerung, diese mutige Sehnsucht, den männlichen Entschluß und den felsenfesten Glauben. Ohne meine Sophie bin ich gar nichts, mit ihr alles.

Abends war ich bei Beks – ruhig und vergnügt.

9. Juni 1797

Der ganze Tag ist heute im Holze und auf dem Felde zugebracht worden. Die lüsterne Phantasie des Morgens veranlaßte nachmittags eine Explosion. Ich hatte vormittags Kopfschmerzen, nachmittags war ich desto munterer – auch abends sehr zum Denken aufgelegt. Bei Tisch schwatzt und erzählt ich einmal sehr viel – more consueto. Das einzige Gute fand ich heute – die Idee der unaussprechlichen Einsamkeit, die mich seit S. Tode umgibt – mit ihr ist für mich die ganze Welt ausgestorben. – Ich gehöre seitdem nicht mehr hierher.

15. April 1800

Süße Wehmut ist der eigentliche Charakter einer echten Liebe – das Element der Sehnsucht und Vereinigung.

Es gibt so manche Blumen auf dieser Welt, die überirdischen Ursprungs sind, die in diesem Klima nicht gedeihen und eigentlich Herolde, rufende Boten eines bessern Daseins sind. Unter diese Blume gehört vorzüglich Religion und Liebe.«

Im Jahre 1795 hatte sich der dreiundzwanzigjährige Friedrich Leopold Freiherr von Hardenberg mit der zehn Jahre jüngeren, also dreizehnjährigen Sophie von Kühn verlobt – im Jahr 1797 stirbt die junge Braut, fünfzehnjährig.

Den Bräutigam, der sich in seinem Tagebuch mit einer un-
auflöslichen Mischung von Trauer, Sinnlichkeit, Lebenslust
und Todessehnsucht herumschlägt, kennen wir unter dem
Namen Novalis als den wichtigsten Dichter der frühen Ro-
mantik, den Erfinder der Blauen Blume, den Sänger der
Hymnen an die Nacht. Man mag es so sehen, daß auch er *Bote
eines besseren Daseins* war, wie er es in seinem Eintrag vom
15. April 1800 nennt – da hat er kein Jahr mehr zu leben.

Liebe und Tod, Eros – Thanatos, ein Thema, ohne das
Dichtung nicht denkbar ist. Die Tagebücher übernehmen
beim Thema Liebe die Funktion der Poesie, selbst ungelen-
ken Schreibern fließen unversehens schöne Töne in eher
krude Notizen.

Im Gefängnistagebuch eines wegen Bankraubs verurteil-
ten Häftlings findet sich am Karfreitag des Jahrs 1970 – wenige Wochen vor seinem Selbstmord – der Satz: »Sie ist wie
ein schönes, altes Schloß in einer toten Gegend, und sie läßt
mich durch keines der vielen Tore gehen.« Der damals fünf-
undzwanzigjährige Häftling Toni H. hatte nur wenige Jahre
eine Sonderschule besucht. Die Liebe macht wortreich oder
wortlos, und manchmal alles auf einmal:

»Das Destillat der blonden Grete! – Ich kann nichts dafür,
daß sie das erste ist, denn man hat unwillkürlich, wenn man
aus einem heißen, von der Sonne beschienenen Garten
kommt, den Duft der stärksten Blumen an sich. Und Frauen
sind ein Parfum, das sich in unseren Nerven festnistet.« Etwas später, über einen »Sommer im Gebirge«: »Und während
Du neben mir sitzest, ganz katzenhaft weich, als ob deine
Sinnlichkeit sich über ungeheuren und verborgenen Schnee-
flächen dehnen würde, wird meine Seele nachdenklich, trau-

rig, begehrlich, eintäglich und zittert wie ein zu langer, zu nervös festgehaltener Ton – und trotzdem ich in meinem Begehren neben dir so klein, gepeitscht und elend bin, kann es mir zeitweilig scheinen, als stünde ich neben dem Mond am Abfall der weißen Wolkengletscher und schaute gleich ihm in großer, gedankenloser Trauer in das schwarze Wasser der Himmelsseen.«

Der junge Mann, der das im Jahr 1898 aufschreibt, heißt Robert Musil.

Wenn wir die Jugendtagebücher späterer Dichterinnen und Dichter lesen, haben wir nicht so stark das Gefühl, Voyeure zu sein, als wenn uns private Aufzeichnungen Unbekannter in die Hände geraten. Wir haben bei den Tagebüchern immer die Ausrede, einer Vorform des Werks zu begegnen, grade wenn es um die Liebe geht. Von Musil stammt ein schönes Beispiel des Sich-in-sich-selbst-spiegelnden Voyeurismus, das er in seinem Tagebuch notiert, Ende Oktober 1919:

»Ich höre die Schnallen der Kofferriemen, den Schlüssel, das Klappern von Zahnbürste und Seife, die sie auf den Waschtisch legen. Ich kenne das Zimmer, weiß, wo jedes Stück steht. Seidenpapier raschelt, Gegenstände werden ausgewickelt und hingelegt. Sie sind heiter dabei, lachen. Worüber lachen diese fremden Menschen? Wie heiter sie sind. Ich erkenne mit Anstrengung, daß sie Französisch sprechen. Ich verstehe einzelne Worte und vergesse sie. Sie ziehen die Schuhe aus. Die Türe wird abgesperrt. Sie waschen sich. Ich verstehe aus den Geräuschen, daß sie viel Wasser genommen haben und es in breiten Schwällen sehr oft hintereinander über das Gesicht spülen. Sie seifen die Hände lange ein, bürsten sie mit Wasser, spülen sie, bürsten den Schaum noch einmal auf, spülen. Ich unterscheide aus den Geräuschen, daß sie das Hemd anbehalten haben, aber vielleicht weit geöffnet, bis zu den Schultern, denn wenn man den Hals mit dem Brustansatz wäscht, klingt es anders. Sie treiben sich wiederholt das Wasser in die Nase, wegen des Reisestaubs, und prusten es aus. Die Frau hat etwas Schnupfen, sie schneuzt sich heftig, lang, ungeniert: sie sind schon länger verheiratet.

Währenddessen sagt er etwas leiser zu ihr, sie kichert mit einer Altstimme; etwas daran läßt mich sofort erraten. Es wird nach einer Weile leise, ich höre Küsse; acht, neun; drei, vier davon rasch hintereinander. (Sie tun stumm ihr Werk.) Leises Anschlagen des Eisenbetts gegen die Wand. Dann in der Dauer einer halben Sekunde der Weibeslaut, halb Vokal, halb Hauch. Und danach absolute Stille.«

Aus dem jugendlichen Enthusiasten ist ein unerbittlicher, fast obszön in seiner Genauigkeit wirkender Beobachter und Beschreiber geworden, die gestohlene kleine Liebesszene wirkt durch den »Photorealismus«, mit dem Musil sie aufgezeichnet hat, fast unerträglich unanständig – für mich jedenfalls, mehr als sogenannte Stellen – auf die hier und heute sowieso niemand gerechnet hat, nehme ich an ...

Einen Beigeschmack hat sie, die Liebe, eine Choreographie und ein Geheimnis. Musil, der Österreicher, war ein Meister des Choreographischen, der tückischen Versuchsanordnung, in der sich Menschen wiederfinden, die lieben oder geliebt werden, was im Leben leider oft nicht zusammen passiert. Auch Schnitzler und Hofmannsthal waren solche Liebeschoreographen. Man verteilt die Liebestalente ja unter den Na-

tionen sehr verschieden, und Bertolt Brecht notiert in seinem
Tagebuch:

»8.3.41 anläßlich DIDEROTS JACQUES LE FATALISTE: auffällig,
daß wir in deutschland keinerlei anzeichen einer verfeinerten
sinnlichkeit haben! die liebe ist dort (siehe faust!) etwas
himmlisches oder etwas teuflisches, aus welchem dilemma
man sich zog, indem man eine gewohnheit daraus machte!
nur goethe und mozart wären zu nennen, und der letztere
verlegte seine liebesdramen weislich auf ausländische schau-
plätze. die lyrik hat nichts zwischen dem ätherischen, über-
spannten, immateriellen und der zote der wirtinnenverse.
keller hat einige meriten, heinrich mann schildert nur aus-
schweifungen. im mittelalter scheint der einzige kulturträger
auch auf diesem gebiet der klerus gewesen zu sein. der deutsche adel war genußunfähig, das bürgertum dann idealiter
puritanisch, dh realiter schweinisch. der deutsche student ›tat
es‹ nach solchem bierkonsum, daß andere gekotzt hätten, wo
er koitierte. – es wäre für die deutschen gesund, ihr erstes lie-
beslustspiel (ihr mandragola) etwa in einem LUTHER-UND-
KÄTTER-drama zu bekommen!«

Abgesehen davon, daß Luther und seine Katharina kein
schlechtes Liebeslustspielthema wären, läßt sich die Liebe
auch von einem Brecht nicht so schematisieren und abtun,
ganz abgesehen davon, daß solche Pamphlete immer nur für
die Anderen gelten sollen – es ist ein bißchen wie bei den Reisen. Nur die anderen sind Touristen. Nur die anderen sind
Liebestrampel. Daß in den bisherigen Tagebüchern Liebe
zwischen Frauen und Männern – aber natürlich unterschied-
lich, wahrhaft verschiedene Planeten – eine Hauptrolle

spielte, finde ich eigentlich nebensächlich. Es geht ja um sie selbst, die Liebe, und wer von ihr getroffen wird, ist eigentlich erst in zweiter Linie wichtig.

Es verdient auch die merkwürdigste und dem sogenannten normalen Mitteleuropäer (der natürlich mit der Normalität sofort aufhört, wenn es ihn ordentlich erwischt) unbegreiflichste Liebe Achtung und Respekt. Natürlich kann sie unversehens zur schweren Krankheit werden, als bisher einzige Therapie muß immer noch die leidige Zeit herhalten – aber Respekt und Achtung muß man da auch haben. Manchmal ist die Diagnose nicht leicht, ob es nun Liebe, Obsession, Wahn oder sonstwas sei – wir sprachen schon davon, das läßt sich gar nicht auseinanderdröseln.

Nach dem ersten Weltkrieg bekam ein Syrer namens Misbah Muhayyesh das legendäre, damals aber schon seit Jahren geschlossene Hotel *Pera Palas* in Istanbul in die Hand und brachte es zu neuer Blüte. Seine große Liebe war ein Kater, dessen Namen die Legende nicht verrät. Dem Kater standen Tag und Nacht zwei Bedienstete zur Verfügung, und als er starb, nahm sich der überaus erfolgreiche Geschäftsmann Muhayyesh das Leben, indem er sich vor Gram die Stirn an einem Eisenträger einschlug.

Ja, natürlich ist das verrückt, wer wollte das leugnen? Aber Liebe ohne Verrücktheit? Gewiß, gewiß, seit langer Zeit – etwa seit zwanzig Jahren – sind solche besänftigenden Begriffe in der Welt, solche Beschwörungen einer Lämmchenhaftigkeit, Kuscheln etwa, und eine gradezu inflationäre Benutzung des Wortes Zärtlichkeit könnten glauben machen, das Ding sei endlich an die Kette gelegt.

In den aufgeklärten westlichen Ländern ist viel und ernsthaft an der Annäherung der Geschlechter gearbeitet worden,

Verbote wurden außer Kraft gesetzt, Tabus aufgelöst, Geheimnisse entschlüsselt, man kann das wirklich jeden Tag befriedigt zur Kenntnis nehmen. Natürlich wissen wir, daß all dies die Liebe nicht zu ungeahnter und heftiger Blüte getrieben hat, ich möchte behaupten, im Gegenteil.

Die Kulturkritik hat sich natürlich auch des Themas bemächtigt, und es werden ganze Bibliotheken zusammengeschrieben über die Fähigkeit, glücklich zu sein oder sich unglücklich zu machen. Ich möchte diesen Experten, die man manchmal in Talkshows zu sehen kriegt – was ich untunlich finde, denn die meisten sind eine ganz schlechte Werbung für ihre Thesen und sehen gar nicht glücklich aus –, überhaupt keine Konkurrenz machen.

Ich habe ja die Tagebücher, und die zeigen, daß Liebe Wagemut heißt und nichts mit eingebauter Wohlfühlgarantie zu tun hat – und noch eine Merkwürdigkeit fällt auf, wenn man sich in den Liebeslabyrinthen längere Zeit herumgetrieben hat – (wir erinnern uns an Herrn Muhayyesh und den Kater? In seinem Hotel, dem Pera Palas, soll übrigens Agatha Christies Tagebuch versteckt sein, das sie während ihres legendären und liebesbedingten Verschwindens im Jahr 1926 geschrieben haben soll ...) also: Das bizzare Liebesbeispiel macht klar, daß einzig die Liebe ein Individuum aus den Fesseln der Gattungszugehörigkeit befreien kann: Die Liebe macht einzigartig – und es kann die ganze Welt an der Liebens-Würdigkeit des geliebten Objekts zweifeln – den Liebenden und die Liebende wird es nicht irritieren, sondern bestärken.

Beispiele gibt es genug, ob es der gräßlich eitle kleine Dichter Gabriele d'Annunzio ist, der die Duse zum Wahnsinn trieb – oder ein Kakerlak namens Dalí, der dem von der Junta eingesperrten Panagoulis Freundlichkeit in seinem Kerkerloch erwies, bis ein Wärter ihn zertrat. Kein anderer muß es nachvollziehen können – das Geliebte hat seine Chance, Einzigartigkeit zu spüren.

»Ich fand den ganzen Abend freundlich und schön und romantisch, nicht mehr. Erst im Korridor, vor meinem Zimmer, veränderte sich plötzlich etwas. Ich sah ihn da stehen und, weiß der Teufel warum, kehrte um und umarmte ihn. Am nächsten Morgen, nach dem Frühstück, mußte er abreisen. Die Zaks ließen uns wieder allein am Tisch. Der Morgen hatte nichts ernüchtert. […] Am Bus küßte ich ihn – und dann war es auch noch der falsche Bus, mit dem er abfuhr, aber das war eh' alles egal. Ach, das ist bös – hinterher.«

Brigitte Reimann, die Viel-Liebende, beschreibt ihn hier, diesen merkwürdigen Blick, den hoffentlich alle schon einmal geworfen haben: Als sei die ganze Welt plötzlich schwarzweiß geworden und nur ein Wesen farbig.

Manchen passiert das alle Monate einmal und anderen einmal im Leben, aber das eine ist nicht besser, moralischer und meiner höchstpersönlichen Meinung nach gottwohlgefälliger als das andere – es ist eben nur anders. Seltsam allerdings, daß die von mir – und auch von der Tagebuchforschung – als erste wahrgenommenen, intensiven und mutigen Viel-Liebenden allesamt geahnt zu haben scheinen, daß ihr Leben kurz sein würde und daß sie getrost ihr Licht an beiden Enden brennen lassen könnten:

»*Abend*. Habe ziemlich viel geschrieben. Er ist mir heute sehr nahe. Ich nehme an, daß er meinen Brief erhalten hat, denn ich zittere bei dem Gedanken an ihn.

6. Januar. Ein Brief, vielmehr zwei. Wir gingen nach London. Ich nahm die Briefe mit mir. Er hat mich den ganzen Tag lang verfolgt. Ich habe den ganzen Tag alles für ihn und mit ihm gesehen. Als ich abends oben in einem Bus zum Piccadilly fuhr, wäre ich beinahe aufgestanden und hätte seinen Namen gerufen. Ich sehnte mich derart nach ihm, aber ich wage nicht, meine Gedanken so weit voranzutreiben, wie sie gehen möchten. Habe mir die Haare waschen und die Hände maniküren lassen. Ging ins Hippodrome. Das einzig Sehenswerte war das Publikum – die Köpfe und Hände. Im Dunkel schienen sie so nebelhaft, so unfehlbar in der Bewegung. Sah eine Pantomime. Sehr interessant. Begann über die Pantomimen-Tradition nachzudenken. Würde gern darüber schreiben. Ließ mich für ihn photographieren.

7. Januar. Am Vormittag draußen mit J. Ein nasser Tag. Auf dem Nachhauseweg im Wagen legte er seine Hand in meinen Muff, und der *andere* war zwischen uns. Ich fing an, von Liebe zu reden. Wie vernünftig Jack war! Ja, ich liebe ihn, aber mein Herz sagt die ganze Zeit ›Zu spät! Zu spät! Adieu!‹

8. Januar. Erhielt einen Brief von L. M. Sie ist krank gewesen. Auch von Mutter hatte ich heute morgen einen Brief. (O Gott, ein Zug fährt vorüber!) Werde die ganze Nacht aufbleiben und arbeiten. Es ist windig, dunkel, seelenloses, sonnenloses Wetter. Er ist wie ein Gift in meinem Blut. J. und ich liebten uns in meinem Zimmer nach dem Abendessen. Ich habe ihn beinahe ›in seiner Männlichkeit getroffen‹, indem ich von F. sprach. Nachher arbeitete ich und verschwendete Zeit und ging unglücklich zu Bett. Es war schrecklich kalt. J. unterbrach mich den ganzen Tag in meiner Arbeit. Ich habe praktisch nichts getan. Schrieb und sandte eine Strähne meines Haares.

9. Januar. J. ist in die Stadt gefahren. Ich arbeitete ein wenig und machte Jagd auf die Hühner. Eine braune Henne wollte und wollte nicht aus dem Garten. Als sie schon lange *wußte*, daß kein Loch im Drahtzaun war, rannte sie immer noch auf und ab. Ich darf das nicht vergessen und auch nicht, wie kalt es war und wie schmutzig meine dünnen Schuhe waren. Am Abend Lawrence und Koteliansky. Sie sprachen über Zukunftspläne; aber ich stand der ganzen Sache *sehr* gleichgültig gegenüber. Nachdem sie gegangen waren, lagen Jack und ich tief verliebt, seltsam verliebt, im Bett. Alles war klar zwischen uns. Es war wunderbar. Wir gaben einander auf seltsame Weise unsere Freiheit zurück. Ich sehnte mich so danach, Jack zu küssen und zu sagen »Lebewohl, Liebster!« Warum, weiß ich nicht genau. Ich preßte seine Wange an die meine, und er kam sich klein vor, und ich fühlte Liebesschmerz.«

Die Neuseeländerin Kathleen Beauchamp, die sich später Katherine Mansfield nannte und eine der wichtigsten Erzählerinnen des Jahrhunderts wurde, führte ein an Personen beiderlei Geschlechts reiches Tagebuch der Liebe. Bei ihr sind das notierte Leben und das Werk sehr nah beisammen, und es gelingt ihr trotz ihrer amoureusen Unrast und Getriebenheit, ihre mit Initialen versehenen Objekte der Liebe in aller Einzigartigkeit aufzubewahren.

Man begehre, sagt Lacan, nicht den anderen, sondern man liebe es nur, geliebt zu werden.

Katherine Mansfield erkrankte zwei Jahre später, mit 29 Jahren, an Tuberkulose und trotzte in den sechs Jahren, die ihr noch blieben, ihrem erbarmungswürdigen Zustand an Leben und Kunst, an Intensität und Leidenschaft mehr ab, als man sich vorstellen kann. Manche wissen einfach, daß es sinnlos ist, geizig mit sich umzugehen. Das trifft für die Reimann ebenso zu, aber auch für Franziska von Reventlow oder die Zwetajewa – und noch andere, denen wir natürlich wieder viel zu wenig Zeit widmen können. Aber noch einmal Katherine Mansfield, in einer langen Eintragung vom 15. Dezember 1919:

»Seit zwei Jahren hatten wir uns in ein Verhältnis treiben lassen, das anders war als alles, was ich je erlebt hatte. Wir waren wie *Kinder* zueinander gewesen, offen eingestandene Kinder, die einander alles sagten, die gleichermaßen eins vom anderen abhängig waren. Vorher war ich der Mann gewesen und er die Frau, und er hatte sich nie wirklich anstrengen müssen. Er hatte mich nie wirklich ›ernährt‹. Tatsache ist, daß ich ihn ernährte, als wir uns kennenlernten, und später hatten wir uns immer, mehr oder weniger, wie männliche Freunde verhalten. Dann kam diese Krankheit – die immer schlimmer wurde – und machte mich zu einer Frau und verlangte von ihm, sich hintanzustellen und die Dinge für mich zu *tragen*. Er ertrug es wunderbar. Was sehr viel dazu beitrug, war, daß meine Krankheit eine ›romantische Krankheit‹ war (seine Vorliebe für ›romantische Erscheinungen‹ ist *enorm* stark), und auch, daß wir wie ›Kinder‹ zueinander waren, was uns die praktisch unbegrenzte Möglichkeit gab, ›Leben zu spielen‹, nicht zu leben. Es war eine Kinderliebe. Ja, ich glaube, es war die wundervollste, die strahlendste Liebe, die die Welt kennt: schrecklich selten. Wir haben sie erlebt. Aber wir waren nicht rein. Wären wir's gewesen, hätte er es auf sich genommen, mit mir zu gehen. Und das konnte er nicht [...]

145

Jene seltsame Einfachheit – jene tiefe, einfache Liebe *gibt* es nicht. Sie existierte nur, bis wir sie auf die Probe stellten. (Als ich mich dann beklagte, Jack [unleserlich] mich – weil es ihn schmerzte, mich anzuhören – ich verdarb sein Spiel, das ganze Haus war durcheinander wegen mir... Wie klar das alles ist! Plötzlich überspielte ich ihn als tragische Figur oder drohte, ihn zu überspielen (ja, genau das ist die Wahrheit), und die Wahrheit kam an den Tag. Er wollte die *ganze* Tragödie für sich haben. Es muß ein schrecklicher Schlag für ihn gewesen sein, sie mit jemandem teilen zu müssen... Ich bin froh, daß es vorbei ist. Ich möchte nicht zurück.)«

Danach schreibt sie, ein einzigesmal, die Wahrheit sei etwas größeres als die Liebe.

Nicht wirklich den anderen lieben, sondern *das Geliebtwerden* – bei Brigitte Reimann ist das die unfehlbare Droge. Am 24. Mai 1965 bemerkt sie mit schlecht verhohlenem Stolz:

»Der Jon hat mir mal gesagt – im Ton des Vorwurfs –, daß gerade immer die Anständigen auf mich reinfielen. Da muß wohl was dran sein, in mich hat sich kaum jemals ein homme là femme verliebt, sondern fast jedesmal war es einer von den Schüchternen, Verletzlichen [...]«

Von der Liebe in den Tagebüchern, aber auch sonst, wird man nicht reden können, ohne von der Fremdheit zu reden, das klingt auch in der etwas koketten Verwunderung bei Brigitte Reimann an. Und wie fremd das Geliebte werden kann, sieht auch Katherine Mansfield mit dem unwillig klaren Blick der Krankheit. Am merkwürdigsten nimmt sich diese Fremdheit (»Und wenn ich dich liebe, was geht es dich an«, läßt Goethe im *Wilhelm Meister* sagen) in den Eintragungen jenes Prager Tagebuchautors aus, dem wir in den vergangenen Stunden schon gelegentlich bei der Ergründung seiner Geheimnisse zugehört haben:

»14. Februar. Wenn ich mich töten sollte, hat ganz gewiß niemand Schuld, selbst wenn zum Beispiel die offenbare nächste Veranlassung F.s Verhalten sein sollte. Ich habe mir selbst schon einmal im Halbschlaf die Szene vorgestellt, die es ergeben würde, wenn ich, in Voraussicht des Endes, den Abschiedsbrief in der Tasche, in ihre Wohnung käme, als Freier abgewiesen würde, den Brief auf den Tisch legte, zum Balkon ginge, von allen, die hinzueilen, gehalten, mich losreißen und die Balkonbrüstung, während eine Hand nach der andern ablassen muß, überspringen würde. In dem Brief aber stünde, daß ich F.s wegen zwar hinunterspringe, daß sich aber auch bei Annahme meines Antrages nichts Wesentliches für mich geändert hätte. Ich gehöre hinunter, ich finde keinen andern Ausgleich, F. ist zufällig die, an der sich meine Bestimmung erweist, ich bin nicht fähig, ohne sie zu leben, und muß hinunterspringen, ich wäre aber – und F. ahnt dies – auch nicht fähig, *mit* ihr zu leben. Warum nicht die heutige Nacht dazu verwenden, schon erscheinen mir die Redner des heutigen Elternabends, die vom Leben und von der Schaffung seiner Bedingungen redeten – aber ich halte mich an Vorstellungen, ich lebe ganz verwickelt ins Leben, ich werde es nicht tun, ich bin ganz kalt, bin traurig, daß ein Hemd um den Hals mich drückt, bin verdammt, schnappe im Nebel.«

Natürlich haben Verbote, Tabus, gesellschaftliche Restriktionen, familiäre Zwänge und die sonstigen Einzäunungen des bürgerlichen Lebens der Geheimnisfülle in der Liebe und damit der Poesie und überhaupt Literatur die allerbesten Dienste erwiesen. Das ist eine Binsenweisheit, und man kann sich das Korsettgestänge dennoch nicht zurückwünschen. Bei der Lektüre von Bekanntschafts- und Heiratsanzeigen jedoch, gleichsam die Liebeswunschzettelchen des ausgehenden von Aufklärung und Sachlichkeit zu Ende geleiteten Jahrtausends, stellt man sich schon die Frage, wie wohl ein Glück sich fortspinnen möchte, das mit solchen Worten beginnt:

Zwischen Freiburg, Basel und Zürich bin ich zu Hause; sensible, blonde Powerfrau ist wieder zu haben! Gesucht wird ein Mann mit Format!!! Großzügig, sensibel und gebildet und mit Interesse an Kunst und Kultur und offen für leise Töne... Wenn Du Dich angesprochen fühlst, schicke mir bitte ein bebildertes Signal, das mein Herz erwärmt!
ZC 2943 DIE ZEIT, 20079 Hamburg

Pädagoge alter Schule, 63, mit Geist und Eros, sucht weibliches Pendant, anpassungsfähig u. gut erzogen, für eine außergewöhnliche Partnerschaft.
ZI 2969 DIE ZEIT, 20079 Hamburg

MANN, 46 J., erfolgreich, attraktiv, jugendlich-leger. Ich wünsche mir einen spontanen Anruf einer hübschen, schlanken, charakterfesten Frau bis 35 Jahre. Raum Pfalz oder irgendwo.
Tel. 0171/685 2670

ZUPACKER GESUCHT
Ich, kreative Unternehmerin (53), suche einen gleichaltrigen

bzw. jüngeren Mann, der klug, humorvoll und einfallsreich nach mir greift und ebenso im Leben steht. Zuschriften bitte mit Bild.
ZK 3033 DIE ZEIT, 20079 Hamburg

Hamburgerin
48, lebendig, naturverbunden, musikalisch, unabhängig, sucht netten Partner mit Charakter und Pfiff. Vielleicht magst du mit mir die schönsten Gärten Europas entdecken?
ZH 2989 DIE ZEIT, 20079 Hamburg

SÜDDEUTSCHLAND
Gutaussehender Unternehmer, Modebranche, Weltbürger, studiert, mehrsprachig, sehr sportlich (55/1,81/74) sucht interessante Frau. Sind Sie ein sportlicher Typ, nikotinfrei, attraktiv und achten erfolgreich auf Ihre Figur? Prima. Wenn Sie etwa 45 Jahre Lebenserfahrung haben, Harmonie der Streiterei vorziehen, dann würde ich mich über Ihre Zuschrift mit Bild sehr freuen. Kinder sind kein Problem.
Ich lese gerne, höre Jazz und Klassik, wohne in einer Gegend, wo man normalerweise gerne seinen Urlaub verbringt.
ZU 3000 DIE ZEIT, 20079 Hamburg

Hübsche Akademikerin, 39, aus d. Raum Düsseldorf, sucht Partner, gutaussehend, mit denselben Interessen: Musik, Literatur, Theater und Tanz, auch Pferde, Reisen, USA usw. Falls diese Anzeige einem netten Herrn, bis 45 alt, auffällt, bitte Zuschrift mit Tel. & Foto.
ZN 3036 DIE ZEIT, 20079 Hamburg

Biene Maya sucht Willi zwecks Honigschlacht. Killerbienen und Grashüpfer zwecklos. Summ Dich durch. ✉ 03361

Männer sind wie Kekse. Die anderen kriegen immer die mit Schokolade! Bin 32/179/77 und suche den ultimativen Schokokeks mit viel Herz, Hirn und Humor, der gerne lacht und redet, sensibel, verschmust, offen und ehrlich, NR, ab 180 und jünger als 40 ist! Freue mich auf Briefe. Bild wäre nett. ☎ ✉ 03364

Meine in Tagebuchdingen vorgenommenen kleinen Privatstatistiken ohne jeden Anspruch auf Allgemeingültigkeit haben ergeben, daß auf der Suche nach ihr das Wort Liebe nur ganz selten vorkommt.

Man spiegelt sich nicht mehr in den Gefühlen, sondern im Erreichten. Vielleicht geht da ein Weg zurück ins pragmatische achtzehnte Jahrhundert, in dem man zwischen Vergnügen und Vernunft eine Brücke zu bauen vermochte, eben weil man beides zu trennen versuchte. Daraus resultierte natürlich manchmal eine unangenehme Kälte, in der die Liebe nicht recht gedeihen konnte.

Heuchelei und Zynismus verträgt sie ja genausowenig wie das andauernde und alltägliche Eingefordertwerden. Es ist ein Kreuz mit ihr, aber das weiß man, seit sie erfunden worden ist, sich genetisch rausgemendelt hat, kulturell sanktioniert, religiös kanalisiert – was weiß ich! In den Tagebüchern übertönen wie im Leben die Fragen den Jubel. Wir haben es ja schon in der ersten Tagebuchstunde bedacht: Die weißen Seiten sind oft die Zeiten des Glücks, und Tagebucheintragungen im frisch getroffenen Zustand sind zwar zu finden, aber meistens ein bißchen langweilig. Manchmal sogar für die in

die Jahre gekommenen späteren Leser der eigenen, glücks-
stammelnden Zeilen! Nein, spannend wird die geschriebene
Liebe erst dann, wenn die Einheit ein bißchen auseinander-
klafft, wenn die Liebende oder der Liebende spürt, daß auch
die allerschönste Passion nicht darüber weghelfen kann, daß
der einzige Mensch, der einem bleibt, letztlich doch man selber ist. Bei ganz jungen und ganz zarten Leuten kann das
furchtbar gefährlich werden – wir alle haben vor wenigen
Wochen über jene zwei Mädchen gelesen, die Kafkas imagi-
nierten Sprung wirklich getan haben, ohne Grund, wie alle,
Eltern und Freunde, sagen. Nur beider Tagebuch weiß vielleicht, was Julia und Alexandra gesucht haben mögen und
plötzlich, und genau da wird es prekär, nie finden zu können
glaubten.

Beides ist in diesem Alter gefährlich – zu entdecken, daß
man genau wie alle andern ist – und zu entdecken, daß man es
nicht ist ...

August von Platen
Nov. 1814
»Seltsam erscheint es mir, daß ich nach dieser Stunde nie mehr
Gelegenheit fand, auch nur eine Silbe mit ihm zu sprechen. Er
war bis den künftigen Januar in der Harmonie abonniert.
Während dieser Zeit sah ich ihn zu öfteren Malen im Lese-
zimmer, ich saß oft neben ihm, und verließ mehrmals mit ihm
zugleich das Haus, ich begegnete ihm auf der Straße, und alles
dies trug bei, meinen Wahn zu verstärken und eine völlige
Leidenschaft in mir festzusetzen, die aber doch immer einen
milden Charakter trug, obgleich sie oft zu einer heißen Sehnsucht gesteigert wurde. Ich hatte damals noch keine Idee, daß
ein strafbares Verhältnis zwischen zwei Männern existieren

könne, sonst würde mich dieser Gedanke vielleicht zurückgeschreckt haben. Einige Zeit später fand ich zwar in mehreren Schriften die Männerliebe erwähnt und schenkte diesem Gegenstande zuerst meine Aufmerksamkeit, da er mir in früheren Jahren, bei Lesung des Plutarchs gänzlich entgangen war. Aber auch jetzt ignorierte ich noch, daß sinnliche Wollust dabei im Spiele sein könnte; dies unselige Geheimnis wurde mir erst durch einige unzüchtige Bücher von Piron klar, die mir in Frankreich in die Hände fielen. Nie aber hat Begierde meine Neigung zu Federigo entweiht.

Ich fing nun an, mich selbst zu quälen. Bald wähnte ich ihn abgereist, bald sah ich ihn wieder. Jede Arbeit ekelte mich an, meine Unzufriedenheit mit meinem Stande wuchs. Meine Phantasie wollte nur eine Beschäftigung. Ich wurde mir selbst zur Last. Auch in den abonnierten Konzerten sah ich ein paarmal Federigo und stand ihm gegenüber. ›Die Musik‹, schrieb ich damals, ›hat für ein liebendes Herz, und besonders in der Lage, in der ich mich befand, so viel Anziehendes, Reizendes, Magisches, daß ich meine ganze Seele den herrlichen Tönen hingab, und gleichsam zwischen Himmel und Erde schwebte.‹«

Diese Erinnerung an den November 1814 schrieb der Dichter August von Platen in sein Tagebuch. Da war er achtzehn Jahre alt, und sein Anderssein – heute würde man das mit politisch korrekteren Worten bezeichnen – hat ihm sein Leben nicht herausgehoben, was er immer wollte, sondern erschwert.

Mancher wird sich erinnern, wie gemein und höhnisch ihn sein Kollege Heinrich Heine Platen in den *Bädern von Lucca* diffamiert hat. Liebe und Anderssein, das gehört vermeintlich immer zusammen.

Liebe macht einzeln durch Zweisamkeit. Paradox? Das ist bei diesem Thema leider nicht zu ändern. Und der Satz »Was verboten ist, das macht uns grade scharf« läßt sich leicht durch Literatur und Tagebuchliteratur der Jahrhunderte verfolgen.

Über einen eventuellen Umkehrschluß, daß das Erlaubte unscharf mache, nachzudenken wird zwar meistens mit wütenden Abwehrbewegungen begleitet, aber das macht den Verdacht, es sei so, nicht geringer.

Tagebücher, jedenfalls die nicht »aus dem Fenster geschriebenen«, sind ehrlich, gelegentlich pornographisch, aber nicht nur, wie Gustav René Hocke schreibt, »physiologisch anregend«. Ganz abgesehen davon, daß ich es schwierig fände, im Feldversuch rauszufinden, wann diese ominöse Grenze erreicht bzw. überschritten wäre – Hocke beruhigt den Diaristik-Neugierigen, daß in den bekannten europäischen Tagebüchern eben jene Grenze nicht überschritten wäre. Wir können ihn leider nicht mehr fragen, wie er das festgestellt hat.

(In dem Zusammenhang weist er aber auf ein unveröffentlichtes Tagebuchkonvolut von 50000 Seiten hin, dessen Autor Diego Henriquez heißt und das in Rom aufbewahrt wird. Dieses mordsmäßige Tagebuch scheint kaum Wünsche offenzulassen und ist mit einer Anzahl von Zeichnungen aus sämtlichen Latrinen Europas angereichert. Es ist aber offenbar ein richtiges Tagebuch und kein als Tagebuch verkleideter Porno.)

»Konnte je ein Mensch einsamer sein? Meine Eltern und Geschwister verloren, von mir gestoßen, den verlassen, den ich geliebt hatte mit der Leidenschaft, die es unwiderruflich nur

153

einmal im Leben geben kann, und nun mit dem Kind von ihm unter dem Herzen zu dem fremden Mann, den ich nicht geliebt hatte, mit dem mich nur ein flüchtiger Sommerrausch zusammengeworfen, von dem bei mir nichts, bei ihm eine Illusion von weiterem Glück zurückgeblieben war.

Auf diese Illusion und auf meine zerrüttelte, zerknackte Leidenschaft zu dem andern bauen wir unser Glück auf, lassen uns vom Standesamt und Priester zusammenschmieden.

Auf dem Kopf trage ich Myrthenkranz und Schleier, und da sieht man garnicht mehr, daß ich kurze Haare habe, und ich bin blaß und habe große Augen und sehe brautmäßig aus und beinahe schön – denn ich habe mich sehr lange im Spiegel gesehen, weil es mein zweites Ich sehr interessiert, wie das erste sich heut machen wird. Vor der Trauung war ich eine Stunde allein, oben, man mußte der jungen Braut doch etwas Ruhe lassen, sich zu sammeln an diesem Tage. Und da hat sie auf dem Bett gelegen und noch einmal, zum letzten Mal, so sinnlos über das Vergangene und über das Jetzt geweint – und in die Zukunft hinein, und so trostlos gleichgültig sogen die verschwiegenen weißen Bettücher den letzten verzweifelten Jammer ein.

Nur eine halbe Stunde, genau nach der Uhr, wußte ich, so, nun muß ich aufhören, zu weinen, und wieder ordentlich aussehn und glücklich aussehn. Und dann kam der andere herauf, um mich zu holen, und er war glücklich und froh, und ich wurde lustig und ein Witz über den andern. [...]

An meinem Geburtstag bin ich von München gekommen und hier herauf, allein und mit ganz neuen sündigen Erinnerungen, mit einer neuen frischen Maisünde und da bin ich wieder jung und froh und gesund geworden.

Ich hatte den wieder gesehen, von dem das Kind war und da war auch das vorbei, die ganze Leidenschaft einfach vorbei, und es hat sich in einer furchtbaren Last von mir heruntergerungen als Antwort auf seine Frage: Nein, es ist vorbei, ich liebe dich nicht mehr. Kein Vorwurf und keine Reue, das weißt du, aber eben überhaupt nichts mehr. Das ist vorbei.

Und ihm war es heimlich leid, denn er möchte mich jetzt lieben, damit ich ihm nicht über den Kopf wachse in meiner neuen Kraft, die aus der emporgewachsen ist, die er mir einst suggeriert hat. Und er hat gesagt, es ist noch nicht zu spät, er würde mich jetzt lieben können. O ja, es ist zu spät für uns beide. Meine Liebe zu dir hat zu viel ertragen, daran ist sie draufgegangen, vorbei wie eine heiße akute Krankheit.

Dann bin ich hingegangen zu einem andern, heiß und fröhlich, mit Weinlaub im Haar – o ja, ich habe es gefühlt, es brannte mir förmlich am Kopf und sengte das alte Trauerspiel da fort – – und einfach in seine Arme hinein: Da bin ich, da hast du mich, wenn du willst.

Und eine Nacht in Glück und Wonne und Rausch und Vergessen. Die Lampe hat ganz leise und verschwiegen gebrannt und der Regen an die Scheiben geschlagen.

Und dann hat er alles dunkel gemacht und ist zu mir ins Bett gekommen, und unsere Körper, die sich vorher nie gesehen hatten, umschlangen sich, daß die Flammen zusammenschlugen und die Lust in wilden Funken sprühte. Am Morgen sind wir aufgewacht und haben uns gesehn, und dann neue Lust, frische, kräftige morgenfrühe Lust.

Und dann noch eine Nacht.

Den nächsten Tag hier herauf, so herrlich müde, so schlafselig, den lendemain des amours in allen Gliedern. Langsam in dem stillen Mairegen den Berg hinauf. Da fiel mir wieder ein, daß mein Geburtstag. Wie lächerlich, an so etwas zu denken. Aber so frisch und jung hat noch keines meiner Jahre angefangen. Es war immer nur Leid.«

Da ist der vierundzwanzigjährigen Franziska Gräfin zu Reventlow ein ordentliches Durcheinander gelungen, mit Ehemann, unehelichem Kind und einer starkfarbigen Galerie wechselnder und einzigartiger Liebhaber.

Frauen wie sie Außenseiterinnen zu nennen ist banal. Es wäre aber noch heute der richtige terminus technicus, denn die Göttinnen der öffentlichen Meinung sind in unserer scheinbar permissiven Zeit so geschlechtsfrei wie in der gar nicht so prüden Prüderie des Wilhelminismus. Verona Feldbusch, Claudia Schiffer oder Veronika Ferres fallen nicht durch ein besonders bewegungsreiches Liebesleben auf, auch da wirds eben immer amerikanischer, wo man, schenkt man Journalisten Glauben, im Falle etwas dauerhafterer und vielseitiger Leidenschaftlichkeit dazu angehalten wird, eine Klinik aufzusuchen. Das Tagebuch der Contessa Francesca, wie sie auf ihrem Grabstein in Locarno genannt wird, spielt auf bewegende Weise die Rolle des Beichtvaters oder Analytikers. Es ist nicht nach außen geschrieben, es soll nur ein wenig Ordnung halten in diesen Gefühlstaifunen, es soll aufräumen, wenn der Sturm sich gelegt hat, und bevor der neue anfängt.

Natürlich wird mir jetzt, wo unsere gemeinsame Tagebuchzeit zu Ende geht, immer klarer – nein, nicht was ich Ihnen vorenthalten – sondern was ich Ihnen zur eigenen Entdeckung übriggelassen habe – nicht nur André Gide und den unvergleichbaren Tagebuchkönig Harry Graf Kessler, nicht nur Erasmus von Rotterdam und die Gräfin Galitzin – gerät man einmal ins Feld der Diaristik, findet man nicht leicht wieder hinaus, Sie hineinzuführen – lesend und vielleicht schreibend – war mein Wunsch: Herausfinden müssen Sie selber, es gibt tausend Wege in diesem Labyrinth.

Aber bleiben wir noch die paar letzten Minuten bei der Liebe und bei drei sehr unterschiedlichen Frauen, an deren Tagebüchern man sehen kann, wie sehr die Liebe auch eine Art Erlösung sein soll. Ein Flug, hoch hinaus über die Gewöhnlichkeit und über das Bewußtsein jener großen Gleichgültigkeit, mit dem sich jedes Individuum herumschlagen muß – nur eben dann nicht, wenn es geliebt wird.

Immer hatte sie berühmt sein wollen, mehr als alles andere hat sie sich das gewünscht, und berühmt sein heißt ja nichts anderes, als sich in der Sonne einer kollektiven Liebe wärmen zu können. Sie, das war die adlige russische Malerin Maria Konstantinowa Bashkirtseff, die mit zwölf Jahren begann, Tagebuch zu schreiben und nach einem ebenso reichen wie kurzen Leben 24jährig in Paris an Schwindsucht starb. Sie wurde berühmt, was ihr einziges und atemlos-gierig verfolgtes Ziel war: Aber sie wurde es erst nach ihrem Tod, und nicht durch ihre Bilder, sondern durch ihr Tagebuch. »Dem Schicksal zu Trotz, das sich ihr verweigern wollte, hatte sie sich zuletzt die Unsterblichkeit verdient«, schreibt Hilde Spiel.

»Nizza, Mittwoch, den 17. Januar 1877
Wann endlich werde ich wissen, was die Liebe ist, von der man so viel spricht? Ich würde A... geliebt haben; aber ich verachte ihn. Ich habe den Herzog von H... bis zur Ekstase geliebt, als ich noch ein Kind war. Dies war eine Liebe, die ganz und gar auf Rechnung des Reichtums, des Namens, der Extravaganz des Herzogs und meiner grenzenlosen Einbildungskraft zu setzen ist.«

Und im gleichen Jahr, sie ist siebzehn, schreibt sie:

»Florenz, Dienstag, den 8. Mai
Wollt ihr die Wahrheit wissen? Nun gut; aber behaltet wohl im Gedächtnis, was ich euch sagen werde: Ich liebe nur und werde nur immer jemand lieben, welcher meiner Eigenliebe, meiner Eitelkeit angenehm zu schmeicheln versteht.

Wenn man sich geliebt weiß, handelt man für diesen *anderen*, und dann schämt man sich nicht; im Gegenteil, man kommt sich sehr heldenhaft dabei vor. Ich weiß wohl, daß ich nie um etwas für mich bitten werde, aber für einen anderen würde ich mich hundertmal erniedrigen; denn das sind Erniedrigungen, durch die man erhöht wird [...] Aber für einen anderen macht es einem Vergnügen, und man kommt sich vor wie die personifizierte Selbstverleugnung, Hingebung und Liebe. Und in diesem Augenblick glaubt man selbst an das eigene Verdienst. Man glaubt ganz naiv, daß man wirklich liebevoll, hingebend und edelmütig ist.«

Die Ehrlichkeit der jungen Jahre ist bei der etwas verblaßten Queen of Diary Anaïs Nin ziemlich bald umgeschlagen in eine etwas atemlose Selbstvergewisserung, Erlösung durch die Liebe wird bei ihr mehr und intensiver beschworen als Erkenntnis des Ich.

Noch immer liegen meines Wissens zigtausende von Tagebuchseiten dieser Freundin bedeutender Männer in Pariser Tresoren, allerdings ist zu befürchten, daß sie zur Zeit nicht jene Lust auf Be- und Verarbeitung erwecken, die es noch vor zwanzig Jahren gab:

»18. April 1921

Bevor ich gestern abend einschlief, fragte ich mich, was ich für die Liebe tue. Liebe, das unvermeidliche, das größte Geschenk Gottes. Bücher, Tausende von Büchern erzählen mir, daß die Liebe alles ist. Ist sie mehr als Ruhm, als Studien, als Philosophie oder Wissenschaft? Bücher, einige von ihnen, antworten mit ja, doch andere wiederum schließen die Liebe aus. Langsam, ganz allmählich, habe ich gelernt zu glauben, daß zumindest ich für meinen Teil Liebe brauche. Mein Studieren, mein beständiges Forschen und Fragen, meine Arbeit: macht mich all das der Liebe wert, wenn die Liebe zu mir kommt? Was für ein schönes Ideal, um danach zu leben. Nicht die Liebe um der Schönheit willen, die ich nicht besitze, sondern eine Liebe wie die von Browning, Liebe um all der ungreifbaren und selbstgeschaffenen Dinge willen. Und ich werde warten und arbeiten, um mich der Liebe wert zu machen. Nicht nur durch das Studieren allein, denn was ist Wissen allein? Nein, ich werde meine Augen auf mein Ideal richten, mein Ideal einer Frau, und mich anstrengen, ihm so nahe zu kommen, wie ich nur kann, mit all meinen Fehlern und Untugenden.«

Die Liebe muß sie festhalten, die Liebe muß sie von sich selbst überzeugen.

Die letzte der drei Frauen, die ich nur allzukurz dem Vergessensein entreißen kann, ist Maryse Holder, eine in den vierziger Jahren in Paris geborene Amerikanerin, deren Mutter von der Gestapo erschossen worden war. Sie ist vielleicht die radikalste und verirrteste Liebessüchtige. Weil sie sich wegen einer Gesichtslähmung häßlich fand, ging sie nach Mexico, von dem sie sagt, es »kenne keine häßlichen Frauen«.

In einem Rausch aus Körperkult und wahllosen Liebesge-
schichten mit jungen Mexikanern versucht sie, Liebe zu lernen, die zu sich selbst, vielleicht. Ihr Tagebuch, ein Brieftage-
buch, ist erhalten. 1976 oder 77 hatte man sie in Mexico am
Straßenrand erschlagen gefunden. Ein Opfer falscher Liebes-
vorstellungen – oder eine, die einen Weg zu Ende gegangen
war – 36 war sie, voll Grauen vor dem Alter?

»Es war ein Produkt der Dämmerung und wurde von der
strahlenden Sexualität des Morgens wieder weggefegt. Ich
wachte gestern mit sehr zärtlichen Gefühlen für all die Jungen auf, mit denen ich gebumst hatte, und reihte all die Dinge,
die wir gemacht hatten und die mir plötzlich wieder einfielen,
wie Perlen auf einer Schnur aneinander.

Sex. Der kosmische Zyklus eines Sterns, seine Entstehung
und sein Untergang sind so schwierig zu beschreiben. Und
gegen meine Absicht entscheide ich mich für das Leben und
nicht für das Schreiben.«

Natürlich wollen wir nicht aufhören mit dieser letal enden-
den Lebens- und Liebeswut – das wäre falsch, auch wenn
diese Stunde eben jenen Lieben gewidmet war, die schwierig
sind, nicht göttlich rein, wiewohl die Liebe im Korintherbrief
so schön und weitherzig geschildert ist. Das fast letzte Wort
soll also meinem Titelgeber gehören, Paul Kornfeld:
»Es gibt kein Glücklich-sein, nur ein Glücklich-werden. Da
sich aber alles in Zustand auflöst, kann es im Leben nur ganz
wenige Augenblicke des Glücks geben: jene, da von außen ein
Gutes an uns herantritt, und jene, da in uns etwas Gutes geschieht: da wir fühlen, denken, erkennen, da wir also wirken,
die Momente des inneren Aufleuchtens. Da meistens aber,

was von außen an uns kommt über kurz oder lang irrelevant wird, jeden Falles aber übertönt werden kann von jedem inneren Geschehen, wodurch es sich als das Schwächere dokumentiert, ist nur zu wünschen Intensität des inneren Lebens, Lebendig-sein. Das ist der Segen und ist die Gnade.«

Zum Weiterlesen, zugleich Nachweis der Zitate

Maria Bashkirtseff, *Tagebuch*. Frankfurt/Berlin/Wien, o.J.

Bertolt Brecht, *Arbeitsjournal 1938–1942*. Frankfurt, 1973.

Barbara Bronnen, *Die Stadt der Tagebücher. Vom Festhalten des Lebens durch Schreiben*. Frankfurt, 1996.

Elaine Feinstein, *Marina Zwetajewa*. Biographie. Frankfurt, 1990.

Anne Frank, *Tagebuch*. Fassung von Otto H. Frank und Mirjam Pressler. Frankfurt, 1991.

Max Frisch, *Tagebuch 1946–1949*. Frankfurt, 1958.

Max Frisch, *Tagebuch 1966–1971*. Frankfurt, 1972.

Werner Fuld, *Das Lexikon der Fälschungen*. Frankfurt, 1999.

Gustav René Hocke, *Das europäische Tagebuch*. Wiesbaden, 1963.

Maryse Holder, *Ich atme mit dem Herzen*. Frankfurt, 1980.

Franz Kafka, *Tagebücher 1910–1923*. Frankfurt, 1983.

Marie Kahle, *Was hätten Sie getan?*

Paul Kahle, *Die Universität Bonn vor und während der Nazi-Zeit (1923–1939)*. Bonn, 1998.

Thomas Mann, *Tagebücher 1933–1934*. Frankfurt, 1977.

Margots Tagebücher. Herausgegeben von Eva Demski. Frankfurt, 1986.

Anaïs Nin, *Tagebücher 1920–21*. München, 1997.

Samuel Pepys, *Das geheime Tagebuch*. Frankfurt, 1982.

Brigitte Reimann, *Ich bedaure nichts. Tagebücher 1955 – 1963.* Berlin, 1997.

Brigitte Reimann, *Alles schmeckt nach Abschied. Tagebücher 1964 – 1970.* Berlin, 1997.

Franziska Gräfin zu Reventlow, *Tagebücher 1895 – 1910.* Frankfurt, 1976.

Peter Rühmkorf, *TABU I. Tagebücher 1989 – 1991.* Reinbek, 1997.

Uwe Schultz (Hg.), *Das Tagebuch und der moderne Autor.* München, 1965.

Rahel Varnhagen, *Ein Buch des Andenkens für ihre Freunde* (3. Teil). In: *Rahel-Bibliothek. Rahel Varnhagen, Gesammelte Werke.* München, 1983.

Maxie Wander, *Leben wär' eine prima Alternative.* Darmstadt, 1980.